Vera Nunes

Raro Talento

Vera Nunes

Raro Talento

Eliana Pace

imprensaoficial

São Paulo, 2008

Governador   José Serra

imprensaoficial   Imprensa Oficial do Estado de São Paulo

Diretor-presidente   Hubert Alquéres

Coleção Aplauso

Coordenador Geral   Rubens Ewald Filho

Apresentação

Segundo o catalão Gaudí, *não se deve erguer monumentos aos artistas porque eles já o fizeram com suas obras.* De fato, muitos artistas são imortalizados e reverenciados diariamente por meio de suas obras eternas.

Mas como reconhecer o trabalho de artistas geniais de outrora, que para exercer seu ofício muniram-se simplesmente de suas próprias emoções, de seu próprio corpo? Como manter vivo o nome daqueles que se dedicaram à mais volátil das artes, escrevendo, dirigindo e interpretando obras-primas, que têm a efêmera duração de um ato?

Mesmo artistas da TV pós-videoteipe seguem esquecidos, quando os registros de seu trabalho ou se perderam ou são muitas vezes inacessíveis ao grande público.

A *Coleção Aplauso*, de iniciativa da Imprensa Oficial, pretende resgatar um pouco da memória de figuras do Teatro, TV e Cinema que tiveram participação na história recente do País, tanto dentro quanto fora de cena.

Ao contar suas histórias pessoais, esses artistas dão-nos a conhecer o meio em que vivia toda uma classe que representa a consciência crítica da sociedade. Suas histórias tratam do contexto social no qual estavam inseridos e seu inevitável reflexo na arte. Falam do seu engajamento político em épocas adversas à livre expressão e as conseqüências disso em suas próprias vidas e no destino da nação.

Paralelamente, as histórias de seus familiares se entrelaçam, quase que invariavelmente, à saga dos milhares de imigrantes do começo do século passado no Brasil, vindos das mais variadas origens. Enfim, o mosaico formado pelos depoimentos compõe um quadro que reflete a identidade e a imagem nacional, bem como o processo político e cultural pelo qual passou o país nas últimas décadas.

Ao perpetuar a voz daqueles que já foram a própria voz da sociedade, a *Coleção Aplauso* cumpre um dever de gratidão a esses grandes símbolos da cultura nacional. Publicar suas histórias e personagens, trazendo-os de volta à cena, também cumpre função social, pois garante a preservação de parte de uma memória artística genuinamente brasileira, e constitui mais que justa homenagem àqueles que merecem ser aplaudidos de pé.

José Serra
Governador do Estado de São Paulo

Coleção Aplauso

O que lembro, tenho.
Guimarães Rosa

A *Coleção Aplauso*, concebida pela Imprensa Oficial, visa a resgatar a memória da cultura nacional, biografando atores, atrizes e diretores que compõem a cena brasileira nas áreas de cinema, teatro e televisão. Foram selecionados escritores com largo currículo em jornalismo cultural para esse trabalho em que a história cênica e audiovisual brasileira vem sendo reconstituída de maneira singular. Em entrevistas e encontros sucessivos estreita-se o contato entre biógrafos e biografados. Arquivos de documentos e imagens são pesquisados, e o universo que se reconstitui a partir do cotidiano e do fazer dessas personalidades permite reconstruir sua trajetória.

A decisão sobre o depoimento de cada um na primeira pessoa mantém o aspecto de tradição oral dos relatos, tornando o texto coloquial, como se o biografado falasse diretamente ao leitor.

Um aspecto importante da *Coleção* é que os resultados obtidos ultrapassam simples registros biográficos, revelando ao leitor facetas que também caracterizam o artista e seu ofício. Biógrafo e biografado se colocaram em reflexões que se estenderam sobre a formação intelectual e ideológica do artista, contextualizada na história brasileira, no tempo e espaço da narrativa de cada biografado.

São inúmeros os artistas a apontar o importante papel que tiveram os livros e a leitura em sua vida, deixando transparecer a firmeza do pensamento crítico ou denunciando preconceitos seculares que atrasaram e continuam atrasando nosso país. Muitos mostraram a importância para a sua formação terem atuado tanto no teatro quanto no cinema e na televisão, adquirindo, linguagens diferenciadas – analisando-as com suas particularidades.

Muitos títulos extrapolam os simples relatos biográficos, explorando – quando o artista permite – seu universo íntimo e psicológico, revelando sua autodeterminação e quase nunca a casualidade por ter se tornado artista – como se carregasse desde sempre, seus princípios, sua vocação, a complexidade dos personagens que abrigou ao longo de sua carreira.

São livros que, além de atrair o grande público, interessarão igualmente a nossos estudantes, pois na *Coleção Aplauso* foi discutido o processo de criação que concerne ao teatro, ao cinema e à televisão. Desenvolveram-se temas como a construção dos personagens interpretados, a análise, a história, a importância e a atualidade de alguns dos personagens vividos pelos biografados. Foram examinados o relacionamento dos artistas com seus pares e diretores, os processos e as possibilidades de correção de erros no exercício do teatro e do cinema, a diferença entre esses veículos e a expressão de suas linguagens.

Gostaria de ressaltar o projeto gráfico da *Coleção* e a opção por seu formato de bolso, a facilidade para ler esses livros em qualquer parte, a clareza de suas fontes, a iconografia farta e o registro cronológico de cada biografado.

Se algum fator específico conduziu ao sucesso da *Coleção Aplauso* – e merece ser destacado –, é o interesse do leitor brasileiro em conhecer o percurso cultural de seu país.

À Imprensa Oficial e sua equipe coube reunir um bom time de jornalistas, organizar com eficácia a pesquisa documental e iconográfica e contar com a disposição e o empenho dos artistas, diretores, dramaturgos e roteiristas. Com a *Coleção* em curso, configurada e com identidade consolidada, constatamos que os sortilégios que envolvem palco, cenas, coxias, *sets* de filmagem, textos, imagens e palavras conjugados, e todos esses seres especiais – que nesse universo transitam, transmutam e vivem – também nos tomaram e sensibilizaram.

É esse material cultural e de reflexão que pode ser agora compartilhado com os leitores de todo o Brasil.

Hubert Alquéres
Diretor-presidente da
Imprensa Oficial do Estado de São Paulo

*Dedico este livro aos meus pais,
pelo exemplo de vida.
Ao Miro, inesquecível companheiro.
E aos meus filhos, meu tesouro
e minha riqueza.*

Vera Nunes

*Para meu pai, com suas eternas
exigências de competência e inteligência.
E para minha mãe, pelo estímulo à
independência e à concretização de sonhos.*

Eliana Pace

Introdução

Nas décadas de 40 e 50, Vera Nunes era uma das maiores estrelas do cinema brasileiro. Ninguém apareceu em tantos filmes como aquela jovem talentosa e simpática, de corpo miúdo e rosto sorridente, emoldurado por loiros cabelos, a reunir todos os predicados indispensáveis a uma artista de primeira grandeza, como passou a ser considerada desde então. Junto a seus admiradores, era conhecida como *A Namoradinha do Brasil* ou *A Bonequinha do Cinema*.

Sua carreira cinematográfica deu-se de forma tão rápida e fulgurante que Vera Nunes já era uma atriz experiente, tendo atuado inclusive na Argentina – aliás, foi a primeira intérprete brasileira a filmar fora do País – quando aceitou o convite feito pelo amigo Ruggero Jacobbi para integrar o *cast* da Companhia Cinematográfica Maristela. A crítica não poupou elogios à artista, que logo passou a ser considerada a musa dos novos estúdios por suas performances em *Presença de Anita* e *Suzana e o Presidente*, as primeiras e mais prestigiadas produções da Maristela que se manteve em atividade por apenas oito anos.

Vera Nunes estreou no teatro aos 21 anos, a convite de Aimée, um dos ícones do teatro brasileiro e que dirigia sua própria companhia teatral. O papel era pequeno, a técnica completamente diferente da cinematográfica, mas a experiência mostrar-se-ia tão gratificante que a atriz não titubeou ao receber, logo em seguida, o convite para atuar na peça que marcou a estréia de Tônia Carrero e Paulo Autran nos palcos. No decorrer dos tempos, carregando uma invejável cultura e um raro talento interpretativo, atuou nas mais famosas companhias teatrais, dividindo a cena com outros atores de prestígio inabalável: Dulcina de Morais e Odilon Azevedo; Sérgio Cardoso, Carlos Zara e Jayme Barcellos; Armando Bógus e Procópio Ferreira, quando Vera já trabalhava com sua própria companhia teatral, criada antes mesmo que completasse 25 anos.

Importante ressaltar que, naquela época, nenhuma companhia teatral contava com o mecenato oficial, tal qual acontece nos dias de hoje. Ou seja, ao criar seu próprio grupo, Vera Nunes seguia o modelo de Aimée, Dulcina e Odilon; Tônia Carrero/ Adolfo Celi; Paulo Autran e Maria Della Costa que produziam seus trabalhos com recursos próprios, torcendo por um sucesso que nem sempre acontecia.

Com a carreira consolidada e trabalhos de repercussão no cinema, no rádio e no teatro, nada mais normal que Vera Nunes emprestasse seu prestígio também à televisão. Foi ela quem protagonizou a curta novela *Helena,* inspirada na obra de Machado de Assis, cujo primeiro capítulo foi ao ar durante a cerimônia de inauguração da TV Paulista, em 14 de março de 1952. Nos anos que se seguiram, trabalhou em praticamente todas as emissoras de São Paulo: Tupi, Cultura, Record, Bandeirantes e Excelsior, onde fez um trabalho considerado excepcional na novela *As Minas de Prata,* de Ivani Ribeiro, interpretando uma matriarca aristocrática e paralítica.

Conheci Vera Nunes pessoalmente no início de 2006, quando ela havia acabado de perder o marido, Altamiro Martins, com quem viveu uma bela história de amor de 50 anos. Ela pediu, e respeitei o luto. Demos início, então, a esta biografia, feita de encontros semanais em seu apartamento, em Pinheiros. Ao fim de uma hora, ou menos, de conversa, eu era convidada a um lanche da tarde, momentos em que estreitávamos nossa relação conversando sobre assuntos os mais diversos, desde a alegria com o nascimento da neta até os problemas com a máquina de lavar.

Vera, ou Verinha, para os mais íntimos, é e sempre foi muito reservada e discreta em relação à sua vida pessoal e profissional. Não esperem dela seus admiradores fiéis, bem como os que estiverem lendo esta sua biografia, fofocas, críticas ou piadas a respeito de quem quer que seja. A cada confidência, ela me pedia que desligasse o gravador e acatei todas essas solicitações. No decorrer de um livro como este, é quase que impossível jornalista e biografado não ficarem amigos e trocarem amabilidades. Ficamos, sim, amigas, dessas que trocam presentes de fim de ano e perguntam da família. Vera é tão delicada e gentil que guardou na memória, por mais de seis meses, um elogio que eu fiz a um jogo de copos que havíamos visto em um shopping center, numa tarde em que saímos a passeio. Às vésperas do Natal, saiu de casa sob uma chuva inclemente só para ir até a loja em questão comprar meu presente.

A essência de Vera Nunes se faz presente não só quando ela recorda a harmonia reinante no lar português de sua infância e adolescência, como na seriedade com que encara sua profissão e transmite sua arte aos jovens iniciantes. Inteligente, culta, politizada, mas também uma pessoa simples, encantadora e sensível, a Vera Nunes que conheci está nesta biografia, que, espero, possa fazer a alegria de todos que a viram atuando e se tornaram seus fiéis admiradores.

Eliana Pace

Capítulo I
Like Deanna Durbin

Você nunca alcançará tudo, você já é tudo.

Nasci como Izaura Nunes Henriques em 12 de agosto de 1928 e adotei o nome artístico de Vera Nunes porque sempre gostei do nome Vera. Meus pais, portugueses, eram pessoas não ligadas à arte, embora minha mãe, Ana de Assunção, uma morena muito bonita, de cabelos e olhos escuros, negros, fosse uma verdadeira artista, muito divertida, brincalhona, tinha um espírito muito alegre, contava muitas piadas – todo mundo que chegava perto dela dava risada. Peguei um pouco desse dom de ser extrovertida, brincalhona, muito embora eu sonde o ambiente antes, quero ver onde estou pisando, é uma defesa natural.

José Francisco Henriques, meu pai, era de Trás-os-Montes e conhecia minha mãe das províncias de Portugal. Ele vivia com a irmã mais velha Rosa, com quem sou muito parecida, com um sobrinho, Antonio, filho dessa irmã, e a mãe, Josefa Henriques. Não conheceu o pai que, quando ele era bebezinho, tinha vindo tentar a sorte no Brasil, mais exatamente no Nordeste, e acabou morrendo de uma febre muito forte. A família de meu pai tinha mais posses do que a da minha mãe. O reduto em que meu pai nasceu era onde tinha vivido Dom Afonso Henriques, que depois foi coroado rei de Portugal. Minha irmã Elza, quando se pôs a desenhar a árvore genealógica da família, achou que podíamos ser parentes do rei por causa do nosso sobrenome, Henriques. Infelizmente, ela morreu antes de terminar esse estudo.

Meu pai era um homem muito discreto, reservado, pensava muito no que é certo e no que é errado, tinha muito medo de errar. Ele paquerava minha mãe que não dava muita bola não. Aí, quando ela veio para o Brasil, ele, aos 20 anos, veio atrás, apaixonado, sem saber que minha mãe tinha encontrado aqui um primo dele, Francisco, que lhe fez a corte e com quem ela acabou casando. Minha mãe ficou casada com Francisco por dois anos, teve dois filhos, José Bernardo e Aurora, até que o marido faleceu, o garoto com dois anos e a menina com nove meses. Não tinham ainda formado um lastro para criar a família com mais conforto. Minha mãe então voltou para Portugal com as crianças para ficar mais perto da família e meu pai ficou por aqui, sem nunca ter se declarado. Era a época da gripe espanhola, ele tratou de muitos colegas doentes, não pegou a doença porque comia muita laranja, diziam que fazia bem e realmente a vitamina C proporciona cura mais rapidamente.

Minha mãe tinha saído com uma tia de Portugal, distrito de Vizeu, com 18 anos, para viver no Brasil, mais exatamente no Rio. Tinha uma irmã chamada Maria da Guia e um irmão, Manuel, e a família tirava da terra seu sustento – de vez em quando nos mandavam azeites, vinho. Minha mãe era muito inteligente, mas não tinha estudo porque, naquela época, os homens é que iam para a escola. Mas aqui no Brasil, por seu próprio esforço, ela começou a ler – ainda lembro dela com cadernos e cadernos de caligrafia – e logo começou a trabalhar em casa de família para ficar mais protegida. Ela contava que passou a fazer parte da família com quem foi trabalhar – a patroa era francesa – se dedicava muito, todos a tratavam carinhosamente de Aninha. Em um Natal, forrou a cozinha inteira dos patrões com um papel muito bonito para as crianças receberem o Papai-Noel, a família ficou emocionada com esse cuidado e carinho. Era uma criatura extraordinária, afoita, decidida, comandava muitas coisas, resolvia. Para me fazer dormir, minha mãe cantava uma *berceuse* (acalanto) que tinha aprendido com a patroa, *Clair de la Lune*, que também canto para meus netos.

Clair de la Lune, mon ami Pierrot...
Prête moi ta plume pour ècrire um mot...
Ma chandelle est morte
Je n´ai plus du feu
Ouvre moi ta porte pour amour de Dieu

Quando, depois de viver em Portugal, viúva, minha mãe resolveu tentar a vida no Brasil mais uma vez, trouxe o menino, José Bernardo, e deixou minha irmã Aurora em Portugal, com os avós e tios. Foi quando ela e meu pai se aproximaram – ele nunca tinha se casado e ela já estava com quase 25 anos – e ele disse a ela das suas intenções: queria abrir um comércio, contar com minha mãe como companheira. Formaram então uma família e ela foi, realmente, o esteio da vida do meu pai; os dois se davam muito bem porque ela não era de discutir, quando começava uma discussão, ela contava um fato qualquer, mudava de assunto e todo mundo ria – meu pai dizia que não adiantava discutir porque logo ela arranjava uma brincadeira. Ele gostava muito dos cabelos compridos da minha mãe, quando ela cortou, ficou tão chateado que, de vingança, raspou o bigode que ela tanto apreciava – nunca mais vi meu pai de bigode.

Éramos cinco filhos, dois irmãos do primeiro casamento da minha mãe – José Bernardo e Aurora – e três do segundo, sou a filha do meio do segundo casamento, entre Elza e Nelson. José era uns 12 anos mais velho que eu. Três anos depois de mim nasceu o Nelson que faleceu criança, com nove anos, de tétano, um acontecimento muito triste que marcou toda a família e meu pai muito intensamente – eu estava com 12 anos. Meu pai criou todos como filhos legítimos dele, todos o chamavam de pai, e eu só fui saber que José e Aurora não eram meus irmãos por parte de pai aos 12 anos, quando o Nelson morreu.

Como nasci muito loirinha, meu cabelo parecia palha de milho, meu pai me chamava de russa-nas, de russa. Eu era conhecida pelos vizinhos como aquela loirinha de fios de ouro. Foi quando nasci que meus pais resolveram trazer para o Brasil a Aurora, então com nove, dez anos, que quando chegou encontrou uma família praticamente desconhecida para ela, que nunca tinha visto aquelas crianças, seus irmãos – eu estava com nove meses e o Nelson nem tinha nascido. Foi um período de adaptação da Aurora, que aqui no Brasil passou a freqüentar a escola e aprendeu todas as prendas domésticas. Nós duas acabamos ficando muito agarradas porque como tínhamos praticamente dez anos de diferença, ela é quem cuidava de mim desde bebezinha, me dando banho, me alimentando e me preparando mais tarde para ir à escola.

Não sei de que maneira as pessoas conseguiam amealhar naquela época, mas, aos poucos, meus pais conseguiram comprar um comércio perto de Madureira, tanto que na minha infância, desde outubro eu ouvia a Portela ensaiando seu samba-enredo, a portas fechadas, é bom que se diga, não eram ensaios abertos como agora. Nossa casa, entre Oswaldo Cruz e Madureira, era muito grande, com um comércio na frente, um tipo de um armazém que vendia também verduras e frutas, e a casa atrás. Uma casa portuguesa, com certeza, porque não nos faltava comida, a mesa era farta, nunca presenciei uma situação difícil. Brincávamos muito de roda na rua, na calçada, de *Carneirinho, Carneirão,* nos jogávamos no chão, a Aurora, coitada, vendo que eu me sujava toda. Teve um dia que eu, cansada, me neguei a tomar banho, embora estivesse imunda: *Passa um paninho...*

Como eu adorava cinema, falava para minha mãe, desde bem novinha: – *Quando eu crescer, vou ser igual à Deanna Durbin, aquela artista norte-americana.* Eu gostava muito dela, assistia a todos os filmes e quando a via nas capas de revistas, dizia: – *Mãe, um dia a senhora ainda vai me ver assim nas capas das revistas, como atriz, cantora, vou ser artista, trabalhar em cinema, quero estudar piano, canto, sapateado.*

Com sete anos fui para a Escola Estadual Paraguai que ficava em Marechal Hermes e que tinha professoras maravilhosas. Estudei lá até a 5ª série do primário – no ano seguinte é que o curso primário passou a ter quatro anos – e era uma criança muito estudiosa. Além de muito alegre e brincalhona, gostava de cantar, de representar – pelo coração me levavam para onde quisessem. O curso ginasial fiz no Colégio Vera Cruz, que ficava na Tijuca, perto do Estádio do Maracanã. Por ser muito boa aluna, nas maratonas culturais que existiam na época, eu sempre atuava como monitora, dando as respostas que os outros participantes não sabiam. Como tinha facilidade para idiomas, depois que fiz o curso de francês no ginásio, voltei a ter aulas particulares quando me formei. Inglês também estudei, inclusive, recentemente voltei para um curso rápido de seis semestres na Cultura Inglesa.

Por essa época ainda conservava meu álbum de artistas, que eu montava com carinho, tinha fotos, a vida deles, e que foi para o lixo quando minha irmã Aurora casou e resolveu fazer uma faxina na papelada, achando que eu não tinha mais idade para brincar com aquilo. Fiquei numa tristeza...

Meus pais confiavam nos filhos, nos diziam que o que nós tínhamos que aprender, aprenderíamos com eles em casa, e que a vida que levaríamos fora seria conseqüência daquela educação. *Não façam nada do que vocês se envergonhem ou envergonhem a família. Queremos ver nossos filhos felizes,* eles nos diziam. Agradeço que tenham me dado essa oportunidade, essa liberdade numa época em que a juventude era muito cerceada, muito tolhida. Meu pai nunca bateu em nenhum dos filhos, apesar de que tratava meu irmão José com muita rigidez, não queria que ele se juntasse com maus elementos. Ouvíamos constrangidas os sermões que meu pai dava nele e tentávamos interferir, mas, em vão, porque uma ordem do meu pai era lei. Ele não falava nem admitia palavrões em casa ou na rua. José, até muitos anos mais tarde, reconhecia que tinha recebido do pai muita orientação. Meu irmão era nosso protetor, meu e da Elza, estava sempre por perto. Nas saídas da matinê – eu assistia a todo e qualquer filme em que pudesse entrar, lógico, mas gostava muito de musicais – quando víamos, estava ele ali na porta, de bicicleta.

Um dos momentos tristes que passamos foi quando meu pai montou uma filial do armazém e tivemos que dividir a família: Aurora e Elza ficaram com meu pai na nossa casa de Madureira e eu, minha mãe, José e Nelson, o caçulinha, fomos para uma outra casa muito grande em Marechal Hermes, que meu pai tinha construído, com comércio na frente também, para que meu irmão José pudesse administrar. Embora fosse muito inteligente, era quase que um financista, ele não queria mais estudar, então, meu pai abriu um comércio para o José e minha mãe, que era um verdadeiro pé-de-boi, foi ajudar. Ficávamos afastados durante a semana, mas no sábado e domingo nos reuníamos. Logo em seguida, o José casou com a Coracy, os dois passaram a tocar o comércio e a nossa vida voltou ao normal.

Meus pais lutavam pela vida como comerciantes, os negócios foram crescendo e meu pai queria que eu estudasse contabilidade para cuidar dos armazéns dele. Realmente, eu e a Elza estudamos contabilidade dentro do Curso Propedêutico que, além de matérias de ginásio, como matemática, ciências, história e geografia, ensinava também datilografia e taquigrafia que até hoje utilizo para anotar minhas senhas de banco e meus segredinhos. Quando estava no 2º ano do Curso Normal da Escola Mariz e Barros, na Tijuca, parei de estudar. É que começaram a surgir oportunidades de trabalho e cheguei à conclusão de que não seria professora de jeito nenhum, embora gostasse de ensinar – eu já tinha dado algumas aulas antes.

Fomos criados naquele ambiente de trabalho e cada um foi tomando seu rumo. José e Coracy tiveram dois filhos, a Marília, que é professora aposentada, e o Zezinho, José Bernardo Marques Filho, que seguiu a carreira militar e depois montou uma oficina mecânica. Meu irmão, depois que vendeu o comércio – nenhum filho pretendia dar continuidade – foi ser assessor de um vereador de Marechal Hermes, gostava de política, faleceu há alguns anos. Elza ficou cuidando dos meus pais, não casou, foi fazer curso de assistente social e logo começou a trabalhar na Legião Brasileira de Assistência (LBA), no Rio. Ela me acompanhou muito na carreira. Faleceu em 30 de dezembro de 2005, às vésperas do *réveillon*, eu estava com ela, foi muito doloroso, eu não imaginava que o estado dela fosse tão grave e vinha adiando uma visita, até mesmo porque o Miro já andava com a saúde abalada.

Aurora casou-se com o Justino, funcionário público, e nunca quis trabalhar. Teve três filhos: duas moças, Marly e Maria Ascenção e um rapaz, Roberto, que foi pára-quedista e, por ironia, morreu em terra, aos 18 anos, quando tentaram assaltá-lo em um trem. Deles todos, só Coracy e o Zezinho continuam morando em Marechal Hermes, em uma casa maravilhosa de três andares que o José construiu.

Meu pai sugeriu que eu fosse trabalhar em banco e quando terminei o 2º ano do curso normal, chegou a abrir uma escolinha em um galpão para que eu pudesse dar aulas. Mesmo não estando formada, recebi ali umas oito ou dez crianças e dei aulas particulares por quase um ano. Acho que tinha jeito, adorava explicar coisas, chegava pra mamãe e contava o que eu tinha aprendido na escola, mas não era aquilo que eu queria para a minha vida. Com meu primeiro dinheirinho, comprei um livro chamado *As Artes* e um par de sapatos. Eu dizia a meus pais que não queria riqueza, mas estudo, tanto que nem fui trabalhar em banco pra utilizar o curso de contabilidade, nem continuei dando aulas – uma outra opção era ser aeromoça, porque eu gostava de viajar. Meu pai comprou para mim um belo piano Steinway, me deixou estudar balé, não impôs nada. *Estão felizes? Então eu também vou ser feliz*, ele dizia.

Em criança, eu gostava muito de ler, declamar poesias, cantar – tinha umas primas que adoravam me ver. Também brincávamos de cinema. Eu e minha irmã criávamos histórias e apresentávamos num latão desses de óleo, de 20 litros, que abríamos de um lado para parecer um palco. Fazíamos uma tela com um paninho bem fino, transparente, e colocávamos uma vela acesa atrás para iluminar as figuras que recortávamos de revistas, pareciam silhuetas.

Com o tempo, comecei a me entrosar com o setor onde eu pretendia trabalhar, por meio de cursos de piano, balé, canto, declamação. Minha professora de canto era a Vera de Mansfield, uma senhora russa, mãe de uma grande cantora lírica, Gabriela de Salerno, que se apresentava no Teatro Municipal. Aulas de piano quem me deu foi a professora Dirce.

Quando os filhos começaram a tomar seu rumo, minha mãe desistiu do comércio. Por essa época, já tínhamos uma vila com cinco casinhas e vivíamos dos aluguéis. Meu pai vendeu então a casa em que morávamos e o comércio de Madureira e com o dinheiro comprou uma nova casa e uns terrenos para os lados de Nova Iguaçu, onde montou um sitio com uma casa enorme porque queria mexer na terra. A esperança dele era que minha mãe fosse para o sítio com ele, mas ela se recusou, alegando já ter trabalhado muito e ser urbana.

Capítulo II

Contracenando com a Lagarta

Crescer é aprender a ser feliz de dentro pra fora

Minha primeira experiência com a arte de interpretar, se é que podemos chamar assim, foi durante uma festa junina na Igreja de São Mateus, que freqüentávamos. Eu tinha uns 12 anos e cantávamos *Luar do Sertão* enquanto debulhávamos milho. Quando chegou a minha vez de entoar o refrão, senti uma coisa estranha escorregando na minha mão: era uma lagarta verde. Sacudi o bicho pra longe, apavorada, e continuei cantando sem perder o tom. A platéia riu.

Um dia, apareceu lá na escola em que eu fazia o último ano do ginásio – estava me formando no Colégio Vera Cruz – um anúncio procurando jovens para o Teatro da Mocidade da Rádio Ministério de Educação e Saúde – na época chamava-se assim, depois ficou Educação e Cultura. Quando vi o folheto com o anúncio, ainda chamei algumas colegas e como elas não se interessaram, ninguém da minha turma queria ser artista, lá fui eu – a rádio ficava num prédio no Campo de Santana. Mais tarde, virei o orgulho da escola, os professores diziam que tinham em seu quadro a Vera Nunes. O teste de interpretação foi com o Teófilo de Barros Filho, que pretendia montar um elenco para o Teatro da Mocidade, e o Edmundo Lyz, que era redator. Estavam lá, todos fazendo teste: Arlete Pinheiro, que viria ser a Fernanda Montenegro, Luiz Linhares, José Vasconcellos, Jaime Barcelos e Beyla Genauer, uma moça muito preparada, que falava muito bem inglês e que foi trabalhar nas transmissões da BBC de Londres. Marcaram uma gravação num sábado à tarde e como era o casamento de uma prima nesse mesmo dia, saí da festa para ir gravar. Fui aprovada e comecei a trabalhar como radioatriz um tempinho depois, recebendo um cachezinho. Teófilo de Barros Filho, que era diretor da Rádio Comércio de Recife, tinha criado uma série para a emissora, baseada na vida de personagens históricos, com cenas instrutivas, educativas, coisas muito boas. Um desses programas era um documentário chamado *O Problema da Criança no Brasil*.

Para trabalhar com radioteatro, a gente precisa educar a voz, a voz é tudo. Em teatro, televisão e cinema, você usa a expressão corporal. Mas em rádio a voz tem que ser precisa. Para o teste, eles queriam voz aguda, o que não era problema porque eu era novinha, tinha uns 16 anos, sonora, culta, ou seja, sem sotaque, e com boa modulação e flexão. Fui aprovada porque estava dentro de todos esses requisitos, meu aprendizado como atriz começou ali. Então, fizemos um curto ensaio com Alfredo de Almeida para treinar o que iríamos gravar. Tínhamos uma cena de um assalto, dirigida pelo Teófilo, em que gritávamos porque ficávamos presos em um banheiro: *socorro, acuda, ladrão...* Como o banheiro não tinha acústica para prender o som lá dentro, os vizinhos da rádio ficaram apavorados e começaram a telefonar para o prédio.

Foi nesse primeiro trabalho que o Teófilo trocou meu nome. Não dava para usar Izaura porque a Isaurinha Garcia fazia muito sucesso na época, então, quando ele sugeriu Vera, eu logo aprovei porque além de gostar muito do nome, sempre tinha uma boneca chamada Vera, uma professora de canto que eu gostava tinha esse nome. Queriam um nome de nove letras e então usamos um dos meus sobrenomes, o Nunes. Ficou Vera Nunes para minha atividade artística. Fiz alguns poucos trabalhos na rádio, recebi meus cachezinhos de 200 mil réis por espetáculo, que em 1946 me permitiam comprar alguma coisinha – embora eu pudesse trabalhar até de graça -, mas me saí bem, eu levava o trabalho a sério. Minha mãe estimulava: *vai em frente.* Ela acompanhou toda a minha carreira, morreu com 86 anos e meu pai com 82.

Um dia, o Teófilo me perguntou se eu queria fazer cinema. *Claro que quero, gostaria muito*, respondi logo. Ele então me mandou ir ao estúdio da Cinédia em São Cristóvão, que eu conhecia apenas de nome, porque iam começar a rodar um filme e ainda não tinham a mocinha. Na data marcada, fui até lá fazer o teste, toda produzida. Minha mãe me levou a uma loja no centro da cidade, na Rua do Ouvidor, onde estavam as grandes lojas, e escolheu um vestido que achava que tinha a minha cara, muito bonito, preto, com as mangas curtas, um leve franzido na saia e um bordado aberto. Como minha mãe achou que ficava meio transparente, saiu da loja e foi comprar uma combinação. Ficou perfeito, usei com sandálias pretas de saltinho.

Sou carioca e, como todo leonino, decidida, combativa e vaidosa – o problema do leonino é que ele não age com a cabeça, age com o coração. Com a idade, fiquei mais moderada na vaidade, mas não saía de casa sem batom, sem meus perfumes, sem minhas jóias, era uma questão de respeito ao público. No terceiro ou quarto filme que fiz, clareei os cabelos. Sempre fui magrinha.

Quando entrei na Cinédia, sozinha, e fui descendo uma rampa, morrendo de medo de escorregar, eu, toda vaidosa, me sentindo uma estrelinha, ouvi o Teófilo – ele é quem estava indicando o elenco – dizer para Adhemar Gonzaga, dono da companhia, e para Léo Marten, que seria o diretor do filme, tenho a impressão que ele era francês, foi muito simpático: – *Olha, a menina está chegando.* Apresentei-me sorrindo e percebi que tinha agradado; eles logo foram dizendo que eu era o tipo que queriam, nem precisei fazer teste, achei o máximo e acertei um salário bem razoável, se bem que nos primeiros tempos de intérprete eu era meio relapsa em relação a dinheiro. Comecei como protagonista, e não tive qualquer dificuldade com as câmeras e nem com o texto. Nunca tive problemas de decorar texto e nem dava trabalho para o diretor e a equipe. Como estava fazendo o que queria, sempre dei o melhor de mim. Quando Adhemar Gonzaga viu minha extroversão com as pessoas no estúdio, disse: *Você faz isso agora porque está começando, mas quando for uma estrela, quero ver se ainda vai ser assim.* Na hora eu respondi: *Dificilmente vou mudar, acho que nunca serei diferente.* E acho que nunca mudei.

Noites de Copacabana era um filme carnavalesco com Cyll Farney, Walter D'Ávila, Marlene, Linda Batista, Dalva de Oliveira, cheio de cenas musicais – as comédias brasileiras daquela época, em especial as do Rio de Janeiro, sempre tinham cenas musicais. Dick Farney, irmão de Cyll, se apresentava cantando e Marlene era muito simpática. Todos me receberam muito bem, ficamos amigos nas filmagens, mas, como acontece com todos os atores, essas amizades se desfazem quando os grupos se afastam. As filmagens duraram uns três meses, tínhamos cenas de shows em boates inclusive.

Eu interpretava uma mocinha meio caipira, de tranças, que vinha tentar a sorte no Rio de Janeiro com um amigo do interior, Walter D' Ávila – ele era um grande comediante, um ator famoso e foi um ótimo colega, me ajudava muito. Os dois ficavam procurando emprego, não encontravam, até que ela conhece o Cyll Farney, que fazia o galã e que também estava procurando emprego – uma graça de pessoa, excelente companheiro, um rapaz maravilhoso, bom caráter, um *gentleman*. Numa entrevista que o Walter D'Ávila deu, ele dizia que como no filme não existia cena de beijo dele comigo, foi pedir ao diretor

Estréia no cinema, em Noites de Copacabana

uma cena em que pudesse me abraçar, mas não conseguiu porque no *script* nós éramos apenas bons amigos. E com o Cyll Farney, que estava estreando no cinema, também não tinha cena de beijo. No final do filme eu virava uma estrela, dançava, cantava.

O filme *Noites de Copacabana* passou a chamar-se *Beijos Roubados*. O difícil mesmo era apresentar o filme, uma dificuldade tremenda de distribuição, tanto que estreou depois de outros que rodei, ficou na prateleira um bom tempo. Ao todo, fiz 13 filmes.

Tive uma carreira muito bem-sucedida, o trabalho vinha ao meu encontro e não enfrentei dificuldades financeiras. Ganhei sempre muito bem no rádio, no cinema e no teatro, o pessoal da Atlântida dizia que eu pedia quase o que ganhava o Oscarito, com quem, aliás, rodei *Falta Alguém no Manicômio*. Como meus pais estavam bem financeiramente, tudo que eu ganhava era para mim. Gastava principalmente com roupas, perfumes, comprava muitas jóias.

Eu era totalmente intuitiva, não existia qualquer escola de arte dramática na época, depois é que fui fazendo vários cursos eventuais – piano, balé, dança e sapateado com o Cid Paes de Barros,

Em Noites de Copacabana, *ao lado de Cyll Farney, Marlene e Maria Costa*

circo com o Ricardo Bandeira – e me aperfeiçoando na arte. A experiência de todos os atores da época estava em fazer e aprender e fui aprendendo com todos os meus diretores. Em *Noites de Copacabana*, Adhemar Gonzaga, que eu não sabia que estava no estúdio, aplaudiu uma cena muito interessante que eu fazia com o Walter D'Ávila, estávamos descendo uma escada e eu dizendo o texto na ponta da língua, sem me preocupar com os degraus, na maior desenvoltura. *A minha estreante está virando uma atriz* – ele dizia. Os jornais diziam que eu era a principal descoberta do Adhemar Gonzaga.

Minha mãe me dava todo incentivo, mas meu pai sempre ficava de pé atrás com aquela coisa de artista. Acontece que nesse meu primeiro filme, teríamos uma cena noturna a ser rodada dentro de um circo e sobrou pro meu pai me levar, o circo era longe, se não me engano no Largo da Carioca. Imaginei que ele, sempre arredio com o meu ambiente de trabalho, criaria problemas, mas os técnicos e a equipe toda foram de uma gentileza enorme, ofereceram a ele a cadeira de diretor para que se acomodasse e ele então assistiu às filmagens ali sentado, quieto, só o olho é que se mexia, correndo por todo o ambiente. As gravações foram até de madrugada, cinco, seis horas e ele lá, firme. Quando voltamos, consegui arrancar uma única frase dele: *É, o trabalho é interessante.* Quando chegamos em casa, minha mãe, ansiosa, querendo saber o que ele ia achar. Ele então respondeu: *Olha, é trabalho sério, trabalho duro pra valer mesmo, repete, faz, corrige. Ali é o maior respeito, mas por trás a gente não sabe...* Daí em diante começou a aceitar mais.

Logo que terminamos as filmagens, fiquei sabendo que eu ia rodar *Pinguinho de Gente* – fiz dois filmes na Cinédia. Meu papel era da mãe da protagonista e trabalhei com Anselmo Duarte, que fazia um médico que socorria a mim e à criança, e com o Mário Salaberry, marido da Zilka, formando um triângulo amoroso. Fui convidada por Gilda de Abreu, que escreveu o roteiro e dirigiu o filme e que estava com muito prestígio por causa de *O Ébrio*, era uma honra para mim ser dirigida por ela, uma diretora muito competente, explicava claramente o que queria da cena. Formava com o Vicente Celestino um casal 20, eram muito simpáticos os dois, de vez em quando ele aparecia no estúdio, tinham muito carisma.

Nesse filme, eu estava com 18 anos mais ou menos e meu papel era de uma mulher vivida, de 26 anos, a Maria Lúcia, uma ex-atriz de teatro com um passado secreto e muitas ilusões e que tinha uma filha de sete, oito anos, Isabel de Barros em seu primeiro e único filme. Foi um *tour de force*, eu já tinha muito mais texto, meu papel exigia uma interpretação dramática. Embora eu tivesse mais tendência para a comédia, me saí muito bem, recebi elogios da Gilda de Abreu, ela acreditava muito em mim. O filme foi muito bem recebido. Na estréia, houve uma apresentação de gala, muita divulgação, a crítica falou bem e comecei a receber cartas dos fãs – eu não deixava nenhuma delas sem resposta, mandava fotos, autógrafos.

Em maio de 1950, a revista *Cena Muda* fez uma enquete para saber quais os melhores espetáculos de 1949. Na apuração final, o filme nacional vencedor foi *Caminhos do Sul*, seguido de *Pinguinho de Gente*. Anselmo Duarte foi considerado melhor ator e eu melhor atriz, seguida por Tônia Carrero e Maria Della Costa.

O que lamento até hoje é não ter conseguido resgatar esses dois filmes que fiz na Cinédia – a filha do Adhemar Gonzaga não quer copiar os filmes em 16 mm nem em VHS porque acha que não vale a pena, prefere programar uma semana de filmes da Cinédia qualquer hora.

Como eu estava despontando e os filmes faziam sucesso, acabei sendo candidata a Rainha do Cinema Brasileiro, um concurso que despertava muito interesse, disputando o título com Emilinha Borba, Olivinha de Carvalho, Heloisa Helena, Lurdinha Bittencourt e Olga Latour, todas consideradas fortes concorrentes. A eleição, na verdade um tipo de uma enquete popular, era definida pela quantidade de cupons que os fãs recortavam dos jornais e mandavam para a Associação Brasileira de Imprensa. Numa apuração parcial, eu aparecia em primeiro lugar, com mais de mil votos. Só sei que de uma hora para outra, muitos dos meus votos sumiram e fiquei em segundo lugar, como Princesa do Cinema: quem acabou ganhando a eleição foi a Olga Latour, que nunca foi muito conhecida.

Capítulo III

A Primeira Atriz a Atuar Fora do Brasil

O talento está naquilo que faz a sua alma vibrar

Quando terminaram as gravações de *Pinguinho de Gente*, recebi um convite para filmar na Argentina – fui a primeira atriz a atuar fora do Brasil. Alfredo Palácios, que ia cuidar da co-produção de *Não me Diga Adeus* e já me conhecia, estava procurando uma intérprete para esse filme e quando entrou no estúdio do José Rio, um grande e famoso fotógrafo carioca, viu umas fotos minhas de artista, mais produzidas, eu maquiada pelo Eric Rzepecki, um maquiador polonês que tinha vivido na Inglaterra. O produtor argentino, quando viu as minhas fotos, disse: *Não precisa procurar mais, é essa que eu quero, quero esta.* E quando o Palácios disse que eu não podia viajar sozinha, o produtor foi objetivo: *Ela que leve a família toda se quiser.* De fato, levei minha mãe e tivemos toda mordomia, ficamos em um hotel confortável, com refeições, bem no centro da cidade.

Minha mãe queria encontrar na Argentina um irmão que não via havia 40 anos, ele tinha saído de Portugal para morar lá e nunca tinha vindo ao Brasil. Os dois tinham se correspondido por um bom tempo e depois pararam; então, escrevi a ele dizendo que ia filmar na Argentina e ele logo ofereceu a casa para eu morar se precisasse, vivia em Munro, no subúrbio. Marcamos um encontro no hotel onde estávamos hospedadas, na Rua Suipacha, 39, e quando eles se encontraram, foi aquela emoção, eu chorava ao ver os dois abraçados. Ele devia ter um pouco mais de 50 anos e minha mãe era mais velha.

Não Me Diga Adeus era uma produção argentino-brasileira, em espanhol o filme chamava-se *Bajo el Cielo Del Brasil*, com Anselmo Duarte, Nelly Daren, uma bela artista argentina, muito simpática, era uma estrela no país, e um grande elenco com atores argentinos e brasileiros. As filmagens aconteceram parte no Brasil, no Hotel Quitandinha, e parte em Buenos Aires, nos Estúdios San Miguel. O filme tinha músicas cantadas pela Linda Batista e pelo Quitandinha Serenaders. Eu fazia par romântico com o Anselmo Duarte que se envolveu com a Nelly Daren, uma mulher muito bonita. Ele era um homem sedutor e sempre foi um companheirão, era o segundo filme que fazíamos juntos. Durante o tempo de trabalho, tivemos uma amizade sincera.

Ficamos cerca de dois meses na Argentina filmando, mas tivemos que enfrentar um problema com sindicalistas que, às vezes, não nos deixavam trabalhar porque muitas pessoas e até atores tinham sido contratados no Brasil – a associação de técnicos era muito rígida, nos deixaram praticamente de castigo, 25 dias sem fazer nada, até resolverem essa questão. A equipe ficou muito amiga, os argentinos que já tinham trabalhado conosco nas filmagens feitas aqui no Brasil nos admiravam, nos respeitavam, nos deram um bom hotel junto à Calle Florida e quando não nos deixavam gravar, eu aproveitava para passear, ver shows, ir ao cinema e fazer compras porque o frio estava de rachar, ainda mais para uma carioca como eu – pegamos dois graus abaixo de zero. E também comíamos muito, quando voltamos para gravar após 25 dias parados, as roupas já estavam apertadas.

O filme fez uma boa carreira, estreou na Argentina e no Brasil ao mesmo tempo e fez um sucesso tremendo, até na Espanha, onde em 1949 ganhou um prêmio de Melhor Filme Musical. Lamento também não ter conseguido uma cópia, até escrevi para uma amiga maquiadora argentina pedindo o paradeiro da Nelly Daren, o Anselmo Duarte também fez essa mesma sugestão, consegui encontrá-la, mas nem ela ficou com uma cópia do filme.

Quando cheguei da Argentina, soube que a Atlântida estava me procurando para fazer uma comédia com o Oscarito, que já era um astro famoso. Eles ofereciam figurino, tratavam as atrizes de forma diferente, fui até lá para conversar. Nunca fui muito ambiciosa, mas eu sabia o que merecia, e quando me ofereceram um cachê abaixo do que eu vinha ganhando, recusei a proposta. Eles ainda disseram que eu estava me comparando ao Oscarito, que ganhava muito naquela ocasião por ser um artista exclusivo, mas acabaram concordando quando eu disse que pretendia fazer tanto sucesso quanto ele. Acabei sendo contratada pela Atlântida para fazer duas produções. Com o Oscarito filmei *Falta Alguém no Manicômio*. Ele era muito engraçado, muito divertido, um bom colega, mas menos extrovertido do que aparecia nos filmes. O filme foi lançado no Largo do Machado, em Laranjeiras, e fez sucesso.

Quando minha família não podia me acompanhar nesses eventos, eu ia sozinha. Porque nosso trabalho de artista é diferente de todos, principalmente teatro, a gente trabalha quando os outros estão se divertindo, tanto que eu ia sozinha a todos os meus compromissos, o Rio de Janeiro não era aquela coisa assustadora que é hoje.

No filme Falta Alguém no Manicômio, *ao lado de Rocyr Silveira*

O outro filme era um drama muito bom – *Também Somos Irmãos* – com Grande Otelo, Jorge Dória e o então garoto Agnaldo Rayol fazendo meu irmão com dez anos. Éramos quatro irmãos, todos adotados por uma família rica: nós dois brancos e dois negros, o Aguinaldo Camargo, um grande ator que fazia muito sucesso na época, e o Grande Otelo.

O personagem do Grande Otelo dava problemas para a família e por causa disso tinha sido afastado de casa, mas o irmão tinha se formado e era apaixonado pela mocinha que era eu. Ela começa a namorar o Jorge Dória, que era um crápula, um cara safado mesmo, e o Aguinaldo Camargo, sabendo disso, começava a fazer pressão para que eu terminasse o namoro. Aí acontece um crime em uma festa, matam o Jorge Dória – eu gostava muito de trabalhar com ele, era muito bom, sempre com aquele tipo sedutor – e a culpa cai sobre o Aguinaldo Camargo.

Quem assiste ao crime é o menino Agnaldo Rayol, que não pode ser ouvido na defesa por ser menor de idade. Ele tinha uma bela cena dramática comigo, me pedia que defendesse o nosso irmão que não tinha matado meu noivo. No filme, eu marco um encontro com o Aguinaldo Camargo na Igreja do Outeiro da Glória, uma cena bonita, com aquela escadaria maravilhosa, em que ele me diz que não tinha matado o outro e se declara para mim. Uma outra cena bonita foi feita pelo Grande Otelo, uma cena antológica dele.

Com Agnaldo Rayol no filme Somos Todos Irmãos

Era um filme bonito, uma grande e boa produção, cenário lindo, com cenas dramáticas, a direção era do José Carlos Burle. O filme colocava em foco o preconceito contra o negro no Brasil, fez muito sucesso. Infelizmente, a cópia está muito estragada, não dá para projetar mais.

Eu era paquerada sim, mais por ser uma estrela, pelo que representava, e era isso que eu queria também, ter reconhecimento público e ser querida.

Foi durante o Festival Internacional de Cinema que se realizou em São Paulo, por volta de 1954, 55, que vi realmente o prestígio que eu tinha. O então governador Lucas Nogueira Garcez fez questão de ser fotografado ao meu lado, a Irene Dunne, que veio especialmente ao Brasil para o evento, foi muito gentil também.

Capítulo IV
Pisando no Palco com Monstros Sagrados

Impaciência é desistir de melhorar

Eu vinha de uma carreira que posso considerar vitoriosa no rádio e no cinema, mas admirava os grandes nomes do teatro como Dulcina, Odilon, Procópio Ferreira, entre outros. Foi quando, em 1949, fui convidada pela Aimée para trabalhar na peça *Como os Maridos Enganam*, de Paul Nivoix, no Teatro Rival do Rio. Era uma comédia francesa picante, no estilo da Aimée, que era uma boa intérprete, simpática, engraçada, que já tinha um nome no teatro, fazia muito sucesso, produzia seus próprios espetáculos, tinha uma companhia de teatro. Era esposa do Carlos Frias, um grande locutor e jornalista.

Foi minha estréia no teatro, aos 21 anos, no papel de uma secretária sedutora que despertava a paixão do patrão, interpretado por Paulo Porto. Não era nada importante, mas me saí bem, anunciaram meu nome, como participação especial.

A impostação de voz para o teatro é diferente e nossa preparadora de voz era uma senhora portuguesa, Esther Leão, muito respeitada, uma excelente professora de teatro, dirigiu muitos espetáculos, me ensinou muito. Ela tinha mão-de-ferro nos ensaios, era infatigável, uma tirana. Ficava no fundo do teatro e gritava: *Chora mais alto, Verinha, chora mais alto... Voz do peito, Verinha, voz do peito.* Eu me perguntava: *o que será isso, voz do peito...* Enquanto eu não atuava como ela queria, ela não largava do meu pé. Mas à medida que foram correndo os ensaios, comecei a melhorar a respiração e ela nunca mais precisou chamar minha atenção para a voz, eu já tinha aprendido, estava preparada para o que viesse. Foi uma experiência muito válida, eu não via a hora da estréia e as críticas foram boas. Trataram-me maravilhosamente bem, tive uma boa direção e desenvoltura no palco.

Eu queria fazer todas as experiências técnicas de representar e a oportunidade de fazer teatro era ótima, mesmo em um papel pequeno como foi o da minha estréia. A experiência no teatro era completamente diferente da do cinema porque, embora tudo seja representação, cada um tem sua técnica. O teatro é muito mais extroversão, exige um gestual mais amplo, que logo peguei por causa da minha experiência em cinema. O que havia era uma defasagem na minha voz que não era impostada para teatro.

Teatro tem um problema: a gente ensaia muito durante um determinado período e depois da estréia continua com aquilo que aprendeu, melhorando naturalmente por causa do contato com o público, vez ou outra é que necessita de uma correção. É por essa razão que quem faz teatro consegue fazer outros trabalhos ao mesmo tempo, como televisão e cinema. É importante diversificar as atividades para que a gente possa se apresentar bem, fazer um bom trabalho.

A peça fazia muito sucesso, tanto que fizemos temporada de uns quatro meses, que não era muito não, hoje tem peças que ficam anos em cartaz. Aos sábados e domingos, tínhamos matinê e sessões às 20 e às 22h30, as três sessões sempre lotadas – o público ia muito a teatro naquela época, minha família toda foi me ver. Na semana seguinte da estréia, como havia um feriado na sexta-feira, fizemos espetáculo de terça a domingo, incluindo as matinês de sábado e domingo e mais a vesperal das moças que acontecia todas as quintas-feiras. Como a peça tinha duas horas, era só o tempo de esperar o público sair para trocar de roupa e entrar no palco novamente. Foi uma semana cansativa.

Uma noite, vieram ao camarim me avisar que uma pessoa estava no saguão querendo falar comigo. Pedi que aguardasse o fim do espetáculo e o homem então se apresentou. Era o ator Armando Couto, que vinha me convidar, em nome do Fernando de Barros, que ia produzir a peça *Um Deus Dormiu Lá em Casa*, para fazer parte do elenco ao lado de Tônia Carrero e Paulo Autran. Ela já tinha feito cinema e estreava em teatro e ele parece que estreava como ator profissional. O espetáculo foi êxito de crítica e de público ao ser encenado no Teatro Copacabana, no Rio de Janeiro, em 1949.

Um Deus Dormiu Lá em Casa era uma comédia escrita por Guilherme Figueiredo com direção de Silveira Sampaio, cenário e figurinos do Carlos Thiré, marido da Tônia. Conheci o Cecil, filho do casal, quando ele comemorou dez anos, fui ao aniversário. Quando o vi adulto, na televisão, levei um susto, achando que o Carlos tinha revivido. Porque o Cecil é a cara do pai, o jeito, o corpo.

Fernando de Barros era de Lisboa, estava radicado havia mais de dez anos no Rio quando começou a produzir teatro; era um nome conhecido em todo o Brasil, dizia que teatralmente tinha nascido em Copacabana e realmente foi lançado lá, no Teatro Copacabana. Foi um excelente produtor, exigente, queria tudo *nos trinques*, como se costumava dizer. Era um homem conquistador, muito romântico, só gostava de mulheres bonitas, tanto que foi ele quem descobriu a Maria Della Costa.

Silveira Sampaio era espirituoso, divertido, inteligentíssimo, um dos pediatras mais famosos do Rio de Janeiro e fez um belo trabalho na direção da peça. Armando Couto, mais tarde, esteve na TV Bandeirantes como diretor artístico.

A peça era muito interessante, baseada em uma história grega de Plauto, o tema do Anfitrião. O Anfitrião, que é general, abandona o campo de batalha por ciúmes e, fantasiado em deus Júpiter, visita sua mulher, Alcmena, para ver como ela está se comportando. Paulo Autran fazia o general Anfitrião e Tônia Carrero, a Alcmena, muito ingênua, etérea, que acreditava que estava mesmo recebendo um deus em sua casa. Eu fazia a escrava dela, Tessala, um papel muito bom; eu ficava em cena praticamente o tempo todo. Armando Couto interpretava o escudeiro, meu marido, que vem como o deus Mercúrio, com asas nos pés. Tessala era esperta, revolucionária, tinha os pés no chão, era realista, não acreditava naquilo não, tanto que dizia a Mercúrio para tirar as asas da cabeça e dos pés porque sabia quem ele era. Eu tinha uma cena

Monstros sagrados em cena: Paulo Autran, Armando Couto, Vera Nunes e Tônia Carrero, na peça Um Deus Dormiu Lá em Casa

em que brigava com os deuses: – *Vocês não eram deuses não, você não era Mercúrio, era o sósia que estava comigo lá no quarto.* Eu dizia para a Tônia: *Alcmena, pelo amor de Deus, era o Anfitrião que estava com você.*

Eu me preparo muito para um papel, tanto para cinema quanto para teatro. Primeiro, vejo a orientação do diretor. Mas, pela experiência, conhecimento que vou adquirindo, sei o que é melhor pra mim, sigo minha intuição, meu autoconhecimento, sem desrespeitar as orientações do diretor. Sei até onde posso ir, desde a escolha do papel. Sempre tive uma memória prodigiosa, era capaz de decorar uma peça em três dias e um programa de televisão em duas horas. Decorava com muita facilidade, era minha marca registrada. Agora não sei se ainda tenho essa capacidade, porque não estou treinando tanto.

O cenário era bonito, caprichado, giratório, muito interessante, tinha capitéis, recebeu prêmios. Em uma cena, eu subia em um dos capitéis para discursar, defender meu ponto de vista, e o Paulo Autran, mais ou menos de costas para o público, ficava fazendo caretas para nós, eu ficava louca da vida porque não podia rir. Ele fazia para brincar conosco, até porque como fizemos mais de cem apresentações, já tínhamos essa intimidade. Era um ótimo colega, mas eu me chateava.

Tônia também era muito gentil, sempre com aquele jeitinho de rainha, uma excelente colega, nunca tivemos conflito nenhum, continuo me dando muito bem com ela. Eu é que era meio dura com Tônia às vezes porque, ao sair de cena, ela bebia um copo de água gelada. Eu, que tinha estudado canto, sabia que isso é péssimo para a voz, dizia: *Tônia não faça isso, olha sua voz...* Sempre tive muito cuidado com a voz, não fazia extravagâncias, tive uma boa orientação sobre isso, mas o Silveira Sampaio forçava muito Tônia em relação à voz.

Lembro de ter visto uma ocasião Chico Buarque pronto para um desfile de carnaval no Rio de Janeiro. Ele ia subir em um carro alegórico quando lhe entregaram uma garrafinha de água. Tomou um gole, mas antes bochechou a água na boca para esquentar, fez o certo, preservou a voz dele para o desfile.

Na peça, eu e Armando Couto ficávamos perto de restos de cenário esperando para entrar em cena. Durante uma das sessões, ao entrar no palco, vi uma lacraia enorme na capa dele. Levei um susto tão grande que fiquei catatônica, me deu um branco ao ver aquela lacraia subindo para o pescoço dele. Ele vinha como Mercúrio dizer que aquilo tudo era uma farsa, que ele era meu marido, então fiz um gestual que ele percebeu e assim que saiu de cena, tirou a roupa, sacudiu e matou o bicho. Eu fiquei apavorada...

A peça foi um sucesso, tivemos casas lotadas todas as noites porque era uma forma diferente de teatro, com um elenco novo com quem eu me dava muito bem. Conquistamos cinco prêmios da Associação Brasileira de Críticos Teatrais. O primeiro foi para Guilherme de Figueiredo como melhor autor; o segundo para Silveira Sampaio como melhor diretor; Tônia Carrero e Paulo Autran ganharam como revelações do ano; e Carlos Thiré foi premiado como melhor cenógrafo. Guilherme Figueiredo, que dizia que sua peça havia nascido modesta e sem pretensões, pois tinha sido escrita para os alunos do curso prático de teatro do Serviço Nacional de Teatro, não imaginava que pudesse reunir tantos prêmios. Durante toda a gestão do João Batista Figueiredo, que era seu irmão, como presidente da República, Guilherme Figueiredo não deixou que fosse apresentada nenhuma de suas peças.

Em 1950, encenamos *Amanhã, Se Não Chover*, mais uma produção do Fernando de Barros, um trabalho ótimo, nós quatro novamente em cena. Era a história de um anarquista, Babalanov, feito por Paulo Autran, que fabricava bombas. Armando Couto ficou com o papel de um diplomata francês aposentado, Bonard. Deixaram que Tônia escolhesse o papel que ela queria e ela escolheu Francesca, que atuava nos três atos. Fiquei muito feliz com a Josette que só entrava no segundo ato – enquanto o primeiro e o terceiro atos eram apresentados, eu ficava vendo os shows do Copacabana Palace – mas quando entrava, só dava ela em cena.

Josette vinha caracterizada como uma bailarina francesa. Na verdade, ela era uma princesa e o pai, o rei, iria ser morto por aquela bomba que o anarquista estava fabricando. O tilburi em que ela estava atola na lama, o cocheiro (quem fazia era Nelson Camargo) não consegue retirar e ela então tem que passar a noite na casa de campo dos anarquistas até chegar o socorro. O pessoal da casa não acreditava que Josette era uma dançarina que tinha vindo de Paris, nunca tinham ouvido falar nela, os trajes que ela usava não eram de uma dançarina, mas de uma princesa. Quando ela descobre que eles são anarquistas, e que vão explodir a bomba quando o pai, o rei, passar de carruagem num desfile, ela fica desesperada e começa a procurar a bomba. A platéia ficava em suspense porque ela pegava a bomba, ficava toda trêmula, atirava a bomba longe e corria. Só que a bomba não explodia e o público gargalhava.

Quando Ziembinski me deu o papel, logo avisou que aquele sim era o papel principal e na verdade era porque a Josette é que descobria o segredo da bomba. A peça era do Henrique Pongetti e recebeu consagração do público e elogios unânimes da imprensa do Rio – os jornais diziam que era considerada mais um marco vitorioso da literatura teatral brasileira.

Programa da peça Amanhã Se Não Chover

Trabalhar com o Ziembinski foi ótimo, porque ele era realmente um grande diretor, muito carinhoso, atencioso e que exigia muito da gente, mas nos deixava muito à vontade. Ele comigo só precisava marcar o texto, se tivesse alguma correção é que vinha. Já naquela época fazíamos leitura de mesa, então, saíamos do ensaio praticamente com a peça pronta para montar e fazer a marcação.

Ziembinski tinha um trabalho irretocável, aprendi muito com ele, era linha-dura, mas eu sabia como chegar ao personagem. Imagina o que era, sem ter escola, ser dirigida por ele em peças com papéis difíceis. Ele era muito exigente, nos arrancava a pele, enquanto não saísse como queria não passava para a segunda cena. Do Paulo Autran ele queria uma impostação de voz que Paulo ainda não tinha, queria uma composição.

Tive experiências magníficas, grandes aulas de teatro com Sérgio Cardoso, Ruggero Jacobbi, Geraldo Vietri, Avancini, Ziembinski, que exigiam da gente até a última gota. Eram diferentes diretores no trato pessoal, mas excelentes exemplos, não precisei de escolas. Tive a sorte bendita de Deus ter colocado essas pessoas no meu caminho, uma experiência fantástica. Ao mesmo tempo, sempre fui muito respeitada no meu trabalho, agradeço sempre a todos os colegas que tinham muito carinho por mim e também aos que não tinham porque cada um ficava na sua, não dá para ficar amigo de todo mundo, a gente não é pepita de ouro para que todo mundo goste da gente. Eu convivia muito bem com todos. Só lembrando de alguns com os quais tive prazer de trabalhar: Walmor Chagas, Sérgio Cardoso, Carlos Zara, uma criatura fantástica, eu tinha muito carinho por ele e ele por mim, nos admirávamos muito. Outros atores que eu admirava eram Anselmo Duarte, Ruth de Souza, Leonardo Villar e entre os internacionais, Kirk Douglas e Jeanne Moreau. Dentre os autores teatrais, eram meus ídolos Jorge de Andrade, Suassuna e Guarnieri.

Quando nos apresentávamos com *Um Deus Dormiu Lá em Casa*, no Rio, o doutor Roberto Marinho e a esposa, dona Stela, nos ofereceram uma recepção muito bonita e fizemos uma representação nos jardins. Estavam todos lá, atores, críticos, jornalistas, a alta sociedade, Guilherme Figueiredo, Pongetti, Henriette Morineau, que estava de volta de uma viagem a Paris.

Em junho de 1950, fizemos também no Teatro Copacabana, *Helena Fechou a Porta,* com o mesmo elenco: Tônia Carrero, Paulo Autran, Armando Couto, Ludy Veloso e Paulo Monte. Era uma adaptação muito bem-feita e bem-escrita do Accioly Neto da história da Lisístrata, da Grécia Antiga, uma sátira política, comédia também, direção ainda do Ziembinski e cenários do Carlos Thiré. Fez sucesso também, principalmente porque Tônia estava muito bem. Eu fazia uma secretária, Eunice, amante do presidente de um país imaginário, a Lavônia.

Quando acabava a temporada de uma peça, começava outra, e foi assim com *Don Juan*, também com a Companhia Fernando de Barros, outra comédia de Guilherme Figueiredo. Eu fazia Isabela, uma das amantes do Don Juan, o Paulo Autran, e que quando descobre que ele está apaixonado por Dona Ana, uma jovem de 18 anos que vivia em um convento, vivida pela Tônia Carrero, fica louca da vida e vai à casa da outra fazer um escândalo. Tinha três velas em cima da mesa e a Isabela apagava uma por uma com um chicote, *pá, pá, pá*. A direção era do Ziembinski, e que nessa cena me dizia: *Calma, que eu sei que você faz...* Eu respondia: Como é que você me faz fazer isto... Armando Couto me incentivava: *Tenta, Vera, tenta, faz em casa...*

Era uma seqüência, eu tinha que apagar aquelas velas com o chicote, tudo coordenado, morria de medo que uma daquelas velas caísse no chão, acesa. Mas eu ficava num lugar certo, andava,

Na peça Don Juan

parava, olhava para as velas e apagava com o chicote, tinha todo um trabalho de expressão corporal. Eu adorava essa cena, treinei muito em casa, mais de cem vezes, tanto que nunca falhou, nenhuma vela caiu, nunca pegou fogo em nada. Lembrei disso quando vi um atleta acendendo a pira das Olimpíadas de Barcelona com um arco e uma flecha incendiária, ele tinha treinado umas mil vezes para isso.

Eu gostava muito do meu papel, mas tinha dificuldades em interpretar a Isabela porque ela era diferente de tudo que eu tinha feito até então. Mas eu também sabia que minha força de vontade ia fazer da Isabela uma mulher convincente.

Orgulho-me muito de ter trabalhado na companhia do Fernando de Barros, com Ziembinski dirigindo. Fiz quatro peças com um elenco fabuloso, quatro grandes e excelentes papéis, um diferente do outro. Se em *Don Juan* eu era uma espanhola salerosa, como Tessala eu era a escrava pé no chão e em *Amanhã, Se Não Chover*, a princesa que se disfarça em dançarina de cabaré. Não posso dizer que tenha gostado mais ou menos de um papel porque os quatro personagens me davam boas chances de interpretação.

Encerramos a temporada no Rio com casas lotadas – só com *Um Deus Dormiu Lá em Casa* ficamos quase três meses em cartaz – porque tínhamos compromisso de nos apresentar com as quatro peças em São Paulo, no Teatro Cultura Artística, recém-inaugurado, por seis meses. O teatro era usado somente para apresentações de música clássica, grandes orquestras, corais, e quando decidiram levar peças teatrais também, nós fomos os primeiros. Obedecemos à mesma seqüência e levamos um susto com o sucesso. Lotávamos os 1.500 lugares do teatro todas as noites. A companhia de Fernando de Barros dissolveu-se em 1951.

Fui recebida em São Paulo com muito carinho, era muito homenageada, procurada para entrevistas e fotos. Em teatro, não lembro nunca na minha carreira de não fazer um espetáculo por falta de público. O público ia mais ao teatro naqueles tempos, acho que agora temos mais problemas sociais, de segurança, temos melhores programas na televisão. O Guilherme Figueiredo achava que existia em São Paulo um gosto muito maior pelo teatro do que no Rio, e permanente.

Até então, eu não conhecia São Paulo, vim a conhecer integrando a companhia do Fernando de Barros e em princípio fomos morar, eu e a Elza, minha irmã – como eu tinha muita correspondência para responder, ela veio comigo e ficou como minha secretária -, em um hotel simplesinho ali na Ladeira da Memória. Logo depois, aluguei um apartamento pequenino na Praça das Bandeiras, próximo ao teatro, um lugar fácil para que eu me movimentasse. Foi o primeiro apartamento que montei, porque no Rio eu morava com a família – a cada 15 dias eu ia ao Rio para vê-los. Como nesse apartamento não batia muito sol, uma vez um fotógrafo quis tirar umas fotos minhas de maiô e fomos para o terraço em cima do prédio, onde se via uma boa parte da cidade.

Foi uma experiência excelente a de morar sozinha e os programas eram aqueles de quem faz teatro: jantar depois do espetáculo com o elenco ou com outros colegas que tinham ido nos assistir. Teve épocas que pela manhã eu fazia radioteatro, depois ia filmar em Santos, fazer externas, e voltava para encarar uma sessão de teatro.

Sempre fui uma atriz muito estudiosa, observadora. Quando ensaiava um papel sozinha, dava várias inflexões ao meu texto para saber qual se adaptava melhor àquele personagem. Vi, em alguns atores, uma certa falta de humildade. Para aprender, temos que ser humildes, porque, de cara, a gente não sabe nada. Aos poucos é que vamos formando o personagem, criando aquilo dentro da gente até ele sair.

Sempre gostei de ensaiar meus textos pelo método Stanislavski, você só transmite se você sentir. O Stanislavski fazia o ator buscar a essência do personagem e usei isso na televisão e no teatro. Trabalhar com a memória emotiva é mais complexo porque você nem sempre passou pelas emoções daquele personagem, então, é pela técnica que você vai aprimorando, vai chegando. Vou fazendo meu personagem de dentro para fora. Procuro buscar o personagem nas entrelinhas do texto. E o figurino completa, principalmente em peças de época, com penteados diferentes, roupas de estrutura diferente – com o complemento da roupa, o personagem entra que é uma beleza. Por isso é que alguns dias antes, em caso de peças de época, deve-se fazer ensaios com o máximo de figurinos, adereços de cena e cenários para você sentir até onde chega sua roupa, como você vai movimentar-se em cena, se a sua postura e todo o gestual estão condizentes com o personagem que você está interpretando.

Nos estúdios da Companhia Cinematográfica Maristela

Capítulo V

A Musa da Companhia Maristela

Ame sua mente, permitindo-lhe espaços de silêncio, e ela lhe servirá incansavelmente

Quando surgiu a Vera Cruz e chegaram ao Brasil os diretores italianos contratados pelo Franco Zampari, dentre eles Adolfo Celi, Flamínio Bollini Cerri e Ruggero Jacobbi, o grupo que tinha feito *Um Deus Dormiu Lá em Casa* dividiu-se. Tônia Carrero e seu então marido, o cenógrafo Carlos Thiré, mais Fernando de Barros, foram para a Vera Cruz – Fernando de Barros foi produtor executivo de *Tico-Tico no Fubá* e Adolfo Celi, o diretor. Paulo Autran foi contratado pelo Teatro Brasileiro de Comédia (TBC). Mais tarde, Tônia, Adolfo Celi e Paulo Autran formaram a companhia Tônia – Celi – Autran.

Na mesma época, 1950, os industriais Mário Audrá Jr. e Arthur Audrá, que eram seriíssimos, formaram a Companhia Cinematográfica Maristela para executar um vasto plano de produção de filmes. Mário Civelli foi trabalhar com eles. O cinema nacional vivenciou a abertura de vários estúdios, entre eles Cinédia, Atlântida, Vera Cruz e Maristela. Cada um deles tinha suas musas e eu, que já tinha passado pela Cinédia e pela Atlântida, fui para a Maristela a convite do Ruggero Jacobbi e acabei me tornando a grande estrela da companhia. Armando Couto também foi, para ser produtor, e Ludy Veloso continuou como alta funcionária do Departamento Nacional do Café, uma vez que não se dedicava exclusivamente ao teatro.

Ao mesmo tempo, formamos, com a adesão da Carla Civelli, mulher do Ruggero, que também era produtora e diretora muito competente, uma nova companhia de teatro que passou a se apresentar no pequeno auditório do Cultura Artística com peças de costume, comédias nacionais, teatro infantil, etc.

Uma das peças para crianças que fizemos – aliás, minha primeira peça infantil – foi *Pedro Macaco, Repórter Infernal*, do Armando Couto. Jaime Barcelos fazia o protagonista; Nieta Junqueira era a Dona Pata; Elísio de Albuquerque era o Doutor Canário; e eu Chica Pardoca, assistente do Pedro Macaco, que era um tipo de Sherlock Holmes. Ela procurava descobrir umas jóias que tinham sido roubadas. Eu adorava a peça e as crianças também; era divertido, elas vinham ver as nossas fantasias e principalmente as jóias.

No infantil Pedro Macaco Repórter Infernal *com Elísio de Albuquerque, Nieta Junqueira, Jaime Barcelos e Armando Couto*

A Companhia Cinematográfica Maristela ficava no bairro do Jaçanã, em São Paulo, um lugar muito afastado naquela época. Não era um estúdio tão grande quanto a Vera Cruz, mas era bem aparelhado, tinha excelentes equipamentos, dois grandes palcos, e o que agradava era o fato de a Maristela ser dirigida por uma família e não por uma entidade. Tanto que uma ocasião, o Mário Civelli cismou com o trabalho de um técnico, achou que ele não estava rendendo o que devia e o chamou às falas. Quando o rapaz alegou que estava com problemas familiares – a filha precisava ser operada e ele não tinha dinheiro para isso – Civelli deu o que o rapaz precisava e sugeriu que voltasse a trabalhar tranqüilo. Achei muito bonita essa atitude. Era um pouco o clima que eu tinha na Cinédia.

O primeiro filme a ser produzido pela Companhia Cinematográfica Maristela seria *Presença de Anita*, baseado em um sucesso do escritor Mário Donato com produção de Mário Civelli e direção de Ruggero Jacobbi. Era meu oitavo filme e no elenco estavam Henriette e Antoniette Morineau, mãe e filha.

Ruggero e Civelli prepararam o roteiro e quando me procuraram perguntando que papel eu queria fazer, achei que não devia fazer a Anita, um tipo de mulher sedutora, provocante, sensual, mas sim um outro grande papel, Diana, no qual eu me enquadrava melhor por causa da minha experiência. Eles não colocaram qualquer objeção. É que como eu sempre tive esse jeito meio maroto, me encantei com a irmã de criação da mulher do galã, Orlando Villar, que queria conquistá-lo a qualquer custo. Ele fazia o pacto de morte com Anita e foi dublado por Dionísio Azevedo – acredito que talvez a voz não combinasse com o tipo dele.

Durante os primeiros 40 minutos do filme, quem aparecia era Anita, interpretada pela Antoniette Morineau, mas quando ela morre, quem entrava em cena era Diana e o filme então girava em torno dela. Era um papel difícil pelos seus inúmeros matizes porque Diana era uma garota ingênua e bobinha, às vezes, mas que se tornava trágica e fatídica em outras. Ela tinha cenas engraçadas e cenas dramáticas. Como era muito diferente de mim mesma, tive que me despersonalizar completamente para encarná-la, mas foi talvez a mais interessante de todas as minhas experiências do cinema.

No filme Presença de Anita, *com Orlando Villar*

Antoniette Morineau não queria ser artista, abandonou a carreira cedo, era sua estréia no cinema e, que eu saiba, só fez mais um filme depois. Ela era novinha, tinha 19 anos, já tinha trabalhado na companhia teatral da mãe, uma excelente escola, e era uma boa intérprete.

A minissérie que a TV Globo levou ao ar não foi muito fiel ao livro do Mário Donato, fizeram uma mesclagem dos personagens. O filme tinha cenas fortes também, mas nossos maiores problemas com a censura foram por causa da temática do filme, um pacto de morte feito entre Anita e o amante.

Ruggero era uma pessoa cultíssima, de boníssimo coração, calmo, tranqüilo e muito competente. Nós nos entendemos muito bem, ele gostava muito de mim como intérprete, me respeitava muito. Durante toda a minha vida artística, acredito que tenha rendido mais com Ruggero Jacobbi porque ele me orientou em cinema, teatro e televisão, três técnicas diferentes nas quais há necessidade de orientação. Devo muito a ele. Não que eu despreze os ensinamentos do Ziembinski, que me dirigiu muito em teatro, nem do Vietri, que era um grande encenador, tinha uma sensibilidade fantástica tanto em teatro quanto em televisão...

Estréia de Presença de Anita *em São Paulo, 1951*

Rodei também *Suzana e o Presidente*, segunda produção da Companhia Maristela, com o craque de futebol Leônidas da Silva, que jogava no São Paulo e representava ele mesmo. O filme foi exibido nos Estados Unidos com algum sucesso e inspirou o seriado *As Aventuras de Suzana*, levado ao ar pelas TVs Tupi, Paulista e Record. Meus dois trabalhos na Maristela foram considerados muito significativos pela crítica. A Maristela produziu ainda *O Homem do Papagaio* e *Arara Vermelha*, este com direção Tom Payne, de *Sinhá Moça*. Quando começaram a rodar filmes regionais, eu me afastei porque já estava fazendo teatro e televisão.

No filme Suzana e o Presidente, *com Otelo Zeloni*

Alberto Cavalcanti também trabalhou na Maristela e em 1952 comprou com um grupo a Kino Filmes, também dos Audrá, que dizem acabou voltando para os irmãos e para a Maristela porque não foi paga. No mesmo ano, foi criada, por um grupo de empresários, a Multifilmes S/A, que funcionava em uma imensa área de Mairiporã. Nunca cheguei a fazer nada nessa nova produtora, mas Mário Civelli sim, como produtor geral, e também meu marido, Miro.

Quando a Associação Paulista de Cinema foi fundada, me integrei ao grupo como atriz de cinema – quem estava junto na entidade era a Marisa Prado e todo o pessoal da Vera Cruz – prometendo empenhar todos os meus esforços para o êxito da nossa luta pelo cinema nacional, e logo fui eleita conselheira. Fui muito atuante, participava de todas as reuniões, estudava as leis.

Em setembro de 1952, participei do 1º. Congresso Nacional do Cinema Brasileiro, que aconteceu no Rio de Janeiro e que colocou em discussão teses relativas à definição de filme brasileiro, distribuição e exibição de produções. Nessa ocasião, foi apresentado o anteprojeto de criação do Instituto Nacional de Cinema, alterado depois pelos congressistas. Até então, não tínhamos absolutamente nada, que favorecesse o cinema brasileiro; ninguém queria patrocinar nossas produções, não havia interesse por causa das dificuldades de distribuição. A política de distribuição era dominada pelas companhias estrangeiras, que boicotavam os filmes brasileiros e o governo não dava qualquer incentivo, era doloroso. Daí a importância desse encontro que reuniu Cyll Farney, Ilka Soares, Fada Santoro, Hélio Souto, José Lewgoy, Alex Viany, Herval Rossano, Watson Macedo, Modesto de Souza, José Carlos Burle, Nelson Pereira dos Santos,

Fernando de Barros e o crítico de cinema muito meu amigo, Joaquim Menezes.

A classe estava unida, as discussões eram amplas e o trabalho foi muito produtivo, sobretudo dos delegados paulistas – fui a única atriz de São Paulo, os homens eram Alberto Ruschel e Anselmo Duarte. Eu chegava rouca em casa, era muito veemente na defesa das minhas idéias, era meu lado político em ação. Havia no congresso delegações de todo o Brasil, representantes do governo, o vice-presidente da República, Café Filho, esteve presente, também o deputado Brigido Tinoco, que era presidente da Comissão de Cinema, Teatro e Rádio da Câmara Federal. Uma das reuniões começou às oito horas da manhã de sábado e foi até quatro horas da madrugada de domingo. No entanto, muitos artistas se recusaram a participar do congresso porque não queriam se expor, poderiam ficar malvistos perante seus estúdios.

Nessa ocasião, foram discutidos o direito autoral e a padronização de funções e, debatidos vários aspectos trabalhistas e legislativos que dificultavam a produção cinematográfica brasileira – aliás, não existia nenhuma lei de proteção ao cinema brasileiro. Enfim, foi a primeira vez que os problemas da indústria cinematográfica foram discutidos seriamente.

Denunciamos e derrubamos na ocasião um convênio prejudicial ao Brasil que estimulava a projeção de filmes estrangeiros em detrimento das produções nacionais. Aprovamos no Congresso a *lei dos 8 x 1*, que determinava a exibição de um filme nacional para oito filmes estrangeiros. Era uma época em que o cinema brasileiro estava a toda, com boas produções sem oportunidade de lançamento; os filmes brasileiros, mesmo fazendo sucesso, tinham que sair de cartaz em uma semana para dar lugar às produções estrangeiras. O filme ficava pronto e o diretor ia com o rolo de filme embaixo do braço tentar sua exibição.

A *lei dos 8 x 1* era uma lei malfeita ainda, mas foi a única vitória que tivemos no Congresso, uma primeira tentativa de alterar o que era praticado, porque as produções brasileiras independentes não tinham espaço, a distribuição era terrível. Representou um jeito de tirarmos muitos filmes das prateleiras – eu mesma tinha dois filmes prontos sem chances de exibição. Quem conseguia lançar alguns filmes da Atlântida era só a cadeia de cinemas do Luiz Severiano Ribeiro – na Vera Cruz, a distribuição era feita pela Columbia, em troca de merreca. Mesmo a Cinédia, com boas produções, bons diretores, conseguia lançar alguma coisa, mas depois de muito tempo.

Durante o Congresso, falava-se dos altos salários que eram pagos aos estrangeiros que tinham sido contratados, diretores e técnicos, e do alto custo das maravilhosas produções da Vera Cruz – diziam que os cavalos que apareciam nas filmagens só bebiam água mineral. Mais tarde, comentava-se, em *off*, que o filme *O Cangaceiro*, do Lima Barreto, sucesso internacional que podia ter tirado a Vera Cruz do buraco, teve que ser vendido por um preço de banana para a Columbia distribuir e permitir aos estúdios pagar contas pendentes. A Companhia Maristela não se metia em política e tinha mais os pés no chão, porque seu capital era particular, ao contrário da Vera Cruz que diziam ser financiada pelo Banco do Brasil e que acabou indo à falência.

Participei ainda, em 57, do 1º Festival de Cinema Nacional do Paraná, ao lado de Oscarito, Grande Otelo, Lola Brah, Cyll Farney, Alberto Ruschell, César Ladeira, Renata Fronzi e outros mais. Continuamos debatendo as leis que disciplinavam o cinema brasileiro.

Nosso cinema podia ter seus defeitos, mas também tinha bons roteiros e boas produções, tínhamos o que mostrar ao mundo. Nossos filmes eram feitos com inteligência e apuro artístico e podiam servir de cartão de visita de nossa inteligência no exterior. Tínhamos qualidade e se desenvolvêssemos um ritmo crescente, creio, podíamos alcançar a qualidade artística dos filmes americanos, franceses e italianos. Nossos filmes carnavalescos também eram bons, mas mal aproveitados, infelizmente, porque eram produzidos como se fossem uma colcha de retalhos, com músicas encaixadas, sem retratar a alma do povo.

Para sorte nossa, essa situação foi melhorando ainda mais no decorrer dos anos e o cinema brasileiro ganhou mais espaço, até mesmo com a formação de novas platéias que não conseguiam ler as legendas das produções estrangeiras. Houve melhoria do sistema sonoro das salas, o Cinema Novo chegou com uma proposta diferente de fazer cinema, e, hoje, o filme nacional lota platéias.

Em 55 fui convidada para fazer uma participação especial em *Armas da Vingança*, um papel dramático. No início, eu era uma mocinha ingênua apaixonada pelo Hélio Souto, mas obrigada a casar com o irmão dele, um homem rude, interpretado por Luigi Picchi, um rapaz ótimo, boa praça, bonitão, boa pessoa. O filme foi rodado quase que totalmente em Araraquara, na Usina Tamoio, da família Morganti; ficamos todos hospedados na casa da fazenda. Foi durante as filmagens que Hélio Souto conheceu Maria Helena Morganti, filha dos donos, com quem casou. Ele gostava muito dela, uma moça de sociedade, simpática, agradável.

Quando terminaram as filmagens e voltei para São Paulo, fiquei doente, tive um febrão e o diagnóstico foi maleita; tínhamos estado muito expostos durante as filmagens. Não acusei nunca ninguém por falta de cuidados, de higiene, etc., mas como tínhamos cenas no meio do matagal, era normal. Fui até conversar com o prefeito de Araraquara para desfazer qualquer mal-entendido em relação a problemas de saúde pública na cidade.

Com Hélio Souto, no filme Armas da Vingança

Dorinha no Society, de 1957, é a história de uma mocinha que chegava do interior para tentar a vida em São Paulo. Atuei ao lado de Fábio Cardoso que acabou se afastando da profissão para trabalhar com o pai empresário. Esse filme competia numa boa com os filmes americanos. Logo que foi lançado, passou a ocupar um bom lugar em bilheteria, disputando espaço com *Sissi*, *A Volta ao Mundo em Oitenta Dias* e *Os Irmãos Karamazov*.

Nesse filme, repeti a dobradinha com Geraldo Vietri, que já tinha me dirigido em *Custa Pouco a Felicidade*, minha primeira experiência sob a direção dele, uma produção da Oceania Filmes muito elogiada pela crítica. Eu e o Vietri éramos amigos, nos admirávamos muito, nos respeitávamos profissionalmente, nós o perdemos muito cedo. Tenho certeza que se não tivesse morrido, teríamos feito muitos outros trabalhos. Gostava muito dele também na posição de diretor e orientador de atores, gostei demais de trabalhar com ele.

Custa Pouco a Felicidade era a história de uma família tipicamente brasileira, um casal muito feliz com uma filha muito alegre, Telma, e dois filhos, todos habitando uma casa no Pacaembu, que havia sido emprestada para as filmagens. Telma era noiva de um rapaz, Paulo Geraldo, um

No filme Dorinha no Society, *ao lado de Fábio Cardoso*

belo galã, razoável ator, que acabou sumindo por falta de oportunidades. O interessante é que num sábado em que não havia filmagens, a filha dos proprietários resolveu dar uma festa e quase acabou com a casa. Quando a equipe chegou para filmar na segunda-feira, foi proibida de entrar sob a alegação de que tínhamos destruído tudo. Fiquei uma fúria porque a equipe, que não tinha nada a ver com a palhaçada da menina, teve que sair procurando uma nova casa para poder dar continuidade às filmagens refazendo até mesmo cenários. O filme foi muito bem de bilheteria.

Alguns anos depois fui convidada para rodar *Da Terra Nasce o Ódio,* um filme do Maurício Morey que acabou não sendo produzido.

Parei de fazer cinema em 1960. Fui a atriz que mais trabalhou em filmes brasileiros e dos papéis que interpretei naquela época, meus preferidos foram *Presença de Anita* e *Suzana e o Presidente.* Em teatro, acredito que tenha sido *Pinguinho de Gente* e em televisão, *As Minas de Prata.*

Teatro é bom para dar expansão à nossa capacidade artística, é a grande escola do ator. No teatro, abriu o pano é você que está lá, enfrentando um público que espera o que você tem para mostrar. No cinema, há recursos de cortes, enquadramentos diferentes, possibilidades de refazer uma cena, o cinema fazia com que aproveitássemos a experiência adquirida. Com meus cursos de dança, bailado, canto, eu estava sempre pronta para quando houvesse a necessidade de me expressar de outras formas, sempre me preparei para o que viesse. Por causa do meu tipo brejeiro, no entanto, eu notava uma certa resistência em me oferecerem papéis dramáticos. Isso só se alterou quando fui fazer *As Minas de Prata* na TV Excelsior, foi quando me viram como intérprete dramática também.

Os bons artistas de teatro são grandes artistas de cinema, mas a recíproca nem sempre funciona porque no cinema você não pode fazer grandes gestos, tudo é mais comedido. Digo sempre que a televisão e o cinema exigem gestos mais curtos e precisos, um gestual contido para que as câmeras possam captar, enquanto no teatro você deve colocar tudo pra fora, desde a voz. É uma adaptação que você deve dar à interpretação. No cinema, eu sabia até quando trocavam a lente, se era *close*, plano americano, e já me posicionava, sabia que gestual podia usar. Além disso, eu assistia todos os filmes da Deanna Durbin porque diziam que eu me parecia com ela, eu tinha a voz tão educada quanto a dela, então, me identificava com aquela artista que fazia muito bem comédias ou dramas e ficava de olho em todo gestual, não para imitar, mas para ver o que me agradava mais.

Parei de filmar quando chegou o Cinema Novo com aquelas diferenças todas. Não tiro o valor desses filmes e nem seus méritos, mas eles não deixaram espaço para os outros. Então, para mim, as comédias, as histórias românticas tinham acabado. Eu não tinha perfil para ficar mostrando o corpo, essa história da exposição da mulher – se não tinha feito quando era mocinha, quanto mais com uma certa idade. Então, fui me afastando. Já tinha tido meus momentos de glória, inclusive internacionais, em cinema e teatro, mas percebia que as pessoas procuravam por coisas novas e mais interessantes que estavam fazendo sucesso.

Na peça Fugir, Casar ou Morrer

Capítulo VI

Atuando com sua Própria Companhia

*Ação vem da vontade, da intuição.
Discussão vem da mente, da cabeça.*

Em 1953, quando eu estava com 24 para 25 anos, criei com meu noivo, Carlos Alberto de Oliveira, que era diretor de teatro e tradutor, a Companhia Teatral Vera Nunes e Carlos Alberto – meu sonho, aliás, era não só ter minha própria companhia como também um teatro. Ocupamos o Teatro de Alumínio, que ficava na Praça das Bandeiras, com *Deus Lhe Pague* e *Precisa-se de um Filho*. E no pequeno auditório do Cultura Artística, levamos as peças *Pedacinho de Gente*, *Fugir, Casar ou Morrer*, *Para Servi-la Madame*, *Pancada de Amor* e *A Grande Estrada*, que se passava em uma casa que ficava em um lugar ermo, aconteciam coisas misteriosas ali, era interessante a peça. Muitos desses espetáculos remontamos para viagem.

Um dos orgulhos que tenho dentro da minha vida artística é ter lançado Walmor Chagas em *Pedacinho de Gente*, onde tive uma das minhas melhores interpretações. O público não nos regateava aplausos. Encenamos essa peça no Teatro Cultura Artística por oito semanas, um verdadeiro recorde de permanência para a época e recebemos muitos elogios dos jornais. O engraçado é que, na estréia da peça, houve um blecaute e eu improvisei uma das minhas falas: – *Puxa, logo agora que eu ia contar minha história a luz apaga...*

Em *Precisa-se de um Filho*, trabalhei ao lado de Procópio Ferreira. A peça foi considerada um dos maiores êxitos daqueles tempos em São Paulo, os críticos dizia que Procópio tinha uma de suas mais expressivas atuações. Aliás, quando ele se concentrava, não podia ouvir sequer um assobio, alegava que o assobio não dava sorte. Depois, nós o convidamos para remontar com a nossa companhia *Deus Lhe Pague*, um de seus maiores sucessos – essa peça era considerada o cavalo-de-batalha dele, enquanto a minha era *Pinguinho de Gente*. Quando uma temporada ficava morna, entrava ele com *Deus Lhe Pague* e eu com *Pinguinho de Gente*.

Em *Deus Lhe Pague*, de Joracy Camargo, eu estava insegura, tinha dúvidas se podia fazer a peça, mas o Procópio me estimulou, não via problemas e fomos em frente. Ele trabalhava o tempo todo com ponto. Eu até que experimentaria trabalhar com ponto como ele, mas para mim não dava, eu não escutava o ponto. Foi o segundo grande sucesso de nós dois no Teatro

Protagonista em Pedacinho de Gente

Pedacinho de Gente: personalidade na interpretação

de Alumínio. Ele era um nome de muito prestígio, tinha um público fiel, e sua interpretação era considerada magnífica pela critica. Era a história de um mendigo milionário, que punha uma barba postiça e ia pedir esmolas na porta das igrejas, nas praças. Eu fazia a esposa, Nancy, que vivia no luxo e ignorava que o emprego dele era pedir esmolas. Era uma peça meio dramática, embora falar em drama com Procópio Ferreira fosse quase que impossível porque ele era um belo comediante. Adorei trabalhar com ele, foi uma experiência fantástica.

Com Procópio Ferreira, em Precisa-se de um Filho

Ainda com a Companhia Vera Nunes e Carlos Alberto, fizemos uma temporada de oito segundas-feiras no Grande Teatro Monções da TV Tupi, levando ao ar alguns espetáculos que já tínhamos apresentado nos palcos.

Com direção do Carlos Alberto, protagonizei uma peça destinada às crianças, *O Gato de Botas*, com adaptação da Tatiana Belinky. Nossa montagem era diferente das tradicionais porque era feita com um elenco conhecido e chamou a atenção pela beleza inclusive do figurino, que

TEATRO DE ALUMINIO

Empresa FARINA-BILLORO

CARLOS ALBERTO DE OLIVEIRA

apresenta

PROCOPIO — VERA NUNES

com

FRANCISCO ARISA — DANY DARCEL — AMERICO BATTA

em

PRECISA-SE DE UM FILHO

de Roger Mac-Dougall, tradução de Raimundo Magalhães — comedia em 2 atos e 4 quadros

---

NOIVAS e DONAS DE CASA

Tenham sempre em mente, Roupas de

CAMA MESA e BANHO AS MELHORES NA

Casa Lemcke

FUNDADA EM 1902

R. 24 de Maio, 224

Em SANTOS:
Centro:
Rua Riachuelo, 49

Gonzaga:
Praça da Independencia, 4

— Onde a elegância impera... nossos calçados dominam!

Casas BRISTOL

Itapetininga, 54 e filiais

Programa de Precisa-se de um Filho

DIA 14 DE OUTUBRO — ÀS 22 HORAS — NO CINE MARROCOS
"MOULIN ROUGE" com José Ferres e Isa Gabor, em AVANT-PREMIÉRE
em Benefício dos Indigentes da Associação Paulista de COMBATE AO CANCER

São Paulo, 27 de setembro de 1953 — às 21 horas

CARLOS ALBERTO DE OLIVEIRA

apresenta

Precisa-se de um filho

comedia em 2 atos, 4 quadros de Roger Mac-Dougall

tradução de Raymundo Magalhães.

Personagens:

Anthony Rigi	**PROCOPIO**
Mirtes	**VERA NUNES**
Dorothy	DANY DARCEL
Dr. Cameron	AMERICO BATTA

Cenarios de **CARLOS ALBERTO**

Contra-regra: **Francisco Arisa** — **Americo Batta** — **Negativo**.

Montagens: **Balduino** — **Zezinho** — **Luiz**.

Modelos de Fritz executados por Mme. Lourdes.

Moveis de cena gentilmente cedidos por MOVEIS PASCOAL BIANCO.

PERFUMARIAS **CASA FACHADA** NACIONAIS E
FINAS PRAÇA PATRIARCA, 27 ESTRANGEIRAS

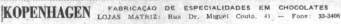

KOPENHAGEN FABRICAÇÃO DE ESPECIALIDADES EM CHOCOLATES
LOJAS MATRIZ: Rua Dr. Miguel Couto, 41 — Fone: 33-3406

FILIAIS: R. Dr. Miguel Couto, 28 — Fone: 33-3406 * R. Barão de Itapetininga, 98 —
Fone: 34-3946 * R. S. Bento, 82 — Fone: 32-6733 * Av. Ipiranga, 750 — Fone: 33-4527
* Praça do Patriarca, 100 Fone: 33-3607 * Praça João Mendes, 11 * FILIAIS NO RIO
— SANTOS — BELO HORIZONTE — PORTO ALEGRE — CURITIBA

era riquíssimo, e pelos majestosos cenários. Foi no Teatro Colombo, enorme, em São Paulo, no bairro do Brás, e participaram do espetáculo Rubens de Falco, então como Rubens Costa; Rogério Márcico, Lia Terezinha e Sidnéia Rossi. Eu adorava, as crianças participavam, gritavam, davam pistas. Foi um sucesso. Outra autora que lançamos foi Edi Costa Lima, que escreveu *Sua Única Virtude*. Infelizmente, não chegamos a montar essa peça.

A companhia teatral durou até o fim do meu noivado com Carlos Alberto. Quando começamos a namorar, e olha que eu não namorava colegas com receio de que confundissem as coisas, nós dois tínhamos planos de casamento, tanto que fizemos uma bela festa de noivado – ele me pediu em casamento aos meus pais – e começamos a procurar uma casa no Sumaré. Desde o início desse relacionamento eu tinha deixado bem claro que queria casar e que não perdoaria nunca uma infidelidade. Se eu sentisse que estava sendo traída, a relação terminaria de imediato porque eu só me casaria com uma pessoa em que tivesse absoluta confiança, o que não foi o caso. Quando ele foi infiel, o noivado terminou e com ele a nossa companhia de teatro. O que ficou dessa história é uma coleção de bonequinhos vestidos de toureiros, uma graça. Cheguei a ter uma coleção de

40 bonecos de todas as partes do mundo, lindos, que eu expunha em um nicho do apartamento e que davam um trabalho danado para limpar. Estão guardados em uma caixa porque precisam ser restaurados.

Com Walmor Chagas em Fugir, Casar ou Morrer

Capítulo VII

Sucesso na TV e Destaque na Excelsior

É melhor dar do que receber

Quando mudei para São Paulo, comecei a receber convites e fazia tudo ao mesmo tempo: cinema, rádio, teatro, até propaganda de maiôs e de produtos de beleza. E foi em São Paulo que comecei a fazer televisão porque a TV Tupi chamava quem estava no teatro para apresentar peças inteiras ao vivo no Grande Teatro Tupi.

Nunca fui contratada da TV Tupi, nunca fui fixa no *cast* da emissora, era convidada ou para apresentar alguns programas ou para alguns papéis especiais. Na emissora, participei dos teleteatros *Tempestade de Verão*, ao lado do Walmor Chagas; *O Amor é Assim* e *Rosa dos Ventos*, com direção de Antunes Filho. Fiz ainda uma telenovela semanal, cinco capítulos, um tipo de seriado, chamado *A Ponte de Waterloo*, lindo, com Amilton Fernandes no papel que tinha sido do Robert Taylor no cinema. Foi maravilhoso, teve muita audiência. Na Tupi, tanto de São Paulo quanto do Rio, trabalhei também em novelas – *Meu Pé de Laranja Lima* e *Um Dia, o Amor* –, muitas sob direção de um amigo querido, Luiz Galon.

Teleteatro na TV Tupi ao lado de Walmor Chagas:
Tempestade de Verão

Com Abelardo Figueiredo protagonizei, na Tupi, um musical chamado *Lábios de Fogo*, uma versão dele para uma peça que era sucesso na Broadway e tinha virado filme com a Betty Hutton, chamado *Bonita e Valente*. Meu par era Carlos Zara e estavam no elenco Fernando Balleroni, Jayme

Sucesso da Tupi com *Walmor Chagas*

Barcellos e Amândio Silva Filho. Tínhamos música *country*, era muito gostoso de fazer. Tudo que aprendi coloquei no espetáculo que era coreografado por Ismael Guizer. Foi uma experiência ótima, eu gostava muito de dançar e adorei ter trabalhado com Abelardo Figueiredo, um grande diretor de musicais, competentíssimo. Acho que o sonho dele era me transformar em estrela de musicais, mas esse sonho não era meu; eu queria ser atriz, embora tenha me saído muito bem nesse espetáculo.

No musical Lábios de Fogo, *de Abelardo Figueiredo, com Fernando Balleroni e Cazarré*

Além disso, fui apresentadora na emissora do *Sucessos Musicais,* um programa agradável, de boa audiência, eu e Amilton Fernandes nos vestíamos a rigor.

Em 14 de março de 1952, a convite do Ruggero Jacobbi, fui participar da inauguração da TV Paulista. Precisavam de alguém de renome, aceitei e logo fui contratada. No dia da inauguração, o Ruggero me passou um papel com um texto em que eu dizia o que era a televisão e me avisou que, em cinco minutos, quando as câmeras fossem ligadas, nós entraríamos no ar. Nesses cinco minutos, decorei meu texto e li. Logo em seguida, fui ao ar com o primeiro capítulo da novela *Helena,* uma história de Machado de Assis com adaptação e direção de José Renato, com Paulo Goulart, Rubens de Falco, Jane Batista, Jackson de Souza e Manoel Inocêncio. Eu tinha mais experiência do que o Paulo Goulart, já tinha feito teatro e cinema e ele iniciava na carreira – era ótimo colega. *Helena* fazia parte do programa *Romances Brasileiros* e foi ao ar em dez capítulos de mais ou menos 45 minutos cada.

Nesse mesmo ano, Ruggero criou um programa de teatro com os grandes personagens femininos da história e fiz então o espetáculo *Rei dos Reis,* que foi apresentado na Semana Santa, e, anos mais tarde, *Desirée, o Amor de Napoleão* e *Liza*

Inaugurando a TV Paulista em Helena

Of Lambert, entre outros. Ainda na TV Paulista, apresentei o programa *O Show é Presente*, produzido pelo Abelardo Figueiredo.

A TV Paulista arregimentava bons profissionais, era integrada por grandes talentos, diretores competentes, inclusive estrangeiros, gente com categoria. Todos escreviam, atuavam, eram cheios de criatividade, ali aprendia-se fazendo. Mas era uma emissora incipiente, não tinha condições de competir com outras, era impossível, a simplicidade da emissora era impressionante. Os cenários, a gente consegue ver nas fotos, eram pobres, as paredes não tinham um quadro, faltava produção. O que valia era o talento das pessoas, ainda mais fazendo televisão ao vivo.

Como sempre gostei muito das situações que fazem rir, Ruggero sugeriu que nós levássemos para a TV Paulista o seriado *As Aventuras de Suzana*, baseado no filme *Suzana e o Presidente*, que tinha feito muito sucesso. O seriado tinha sido apresentado primeiramente na TV Tupi, onde acabei estreando como autora, escrevendo alguns scripts – para isso eu pesquisava, era boa observadora – e teve vida longa porque bem mais tarde estreou na TV Record.

A cada episódio eu interpretava um personagem, contracenando com atores convidados, me

Teleteatro na TV Paulista: Rei dos Reis

divertia muito. O seriado durou quase um ano, com capítulos de cerca de meia hora por semana, e a direção era da Carla Civelli, que também assinava alguns roteiros. Eu me dava muito bem com o casal Ruggero e Carla, construímos uma bela amizade e fizemos muitos trabalhos juntos. O Ruggero me deu muitas boas oportunidades no cinema, na televisão, no teatro, devo muito a eles na minha carreira, fazíamos boas coisas.

Os espetáculos eram ao vivo e faziam muito sucesso – a Suzana fazia de tudo, coisas mirabolantes, e acabava sempre sendo despedida no final. Os telespectadores me paravam nas ruas para dizer que tinham gostado de uma ou outra história. Em *De Volta à Terra*, por exemplo, eu trabalhava com Luiz Calderaro, Sidnéia Rossi e Loris Rangel. Outro episódio foi *Noivos Infernais*, com Diná Mezzomo, Kleber Macedo, Sérgio Britto. Em *Reinado do Barulho*, estavam Sérgio Britto, Marcos Granado, Marlene Rocha. Em *Fantasma Galante*, atuavam comigo Luiz Calderaro, Marlene Rocha, Marcilio de Farias e J. Gianotti.

Eu era a única fixa no elenco e recebíamos atores convidados – Sérgio Britto e Renato Corte Real, entre outros. A cada semana eu tinha que aprender alguns truques. Em um episódio em que a Catita Stuart contracenava comigo, fizemos uma cena muito engraçada em que íamos para a cama doentes, com uma bolsa de água quente na cabeça. Em um outro episódio, eu interpretava a enfermeira de um psiquiatra querendo provar a um boxeador que tinha medo de entrar no ringue, que ele não tinha perdido a força. Para fazer esse episódio, fui ter umas três ou quatro aulas de jiu-jitsu com um grande professor e, quando o espetáculo foi ao ar, acabei dando um show com um golpe certeiro. Quando olhei para trás e vi o atleta estatelado, eu não acreditava ter feito aquilo, foi um dos episódios mais elogiados.

Um outro seriado que levamos ao ar pelas TVs Tupi e Paulista foi *O Casal Mais Feliz do Mundo*, em que eu fazia par com Walmor Chagas. O seriado foi inspirado na peça *Pancada de Amor*, e, a cada episódio, marido e mulher brigavam e faziam as pazes. A série teve que ser adaptada quando foi para a TV Record, por causa de uma carta enviada à emissora pela censura, exigindo que determinadas cenas de quarto fossem eliminadas, éramos proibidos de fazer cenas deitados na cama de casal – esse tipo de cena só podia ser feito por atores que fossem marido e mulher na vida real. Como não era o nosso caso, nós dormíamos em camas separadas e, quando queríamos nos abraçar ou beijar, estendíamos as mãos e apagava-se a luz, quem quisesse que imaginasse o resto. Era engraçado porque a gente fazia as maiores estripulias fora do quarto já que na cama não podia. A jornalista Liba Frydmann, que escrevia sobre televisão naquela época, disse que a interferência da censura, tornada pública, ia nos dar mais publicidade. E foi isso que aconteceu, tanto que a audiência do programa cresceu vertiginosamente, concorrendo com outros programas do horário.

Na peça Pancada de Amor, *com Ítalo Rossi*

O Casal Mais Feliz do Mundo: seriado da TV Record, com Carlos Zara e Walmor Chagas

Na TV Rio, durante um período de seis a oito meses, participei de um programa muito bom, *Folias*, dirigido por Victor Berbara, que era o grande produtor da época também de espetáculos teatrais – fiz uma peça com ele. Quando cheguei ao

Rio, fui convidada para a festa de aniversário do Victor. Foi uma ciumeira, que bobagem!

Só voltei à televisão com um contrato longo em 1961, a convite de Álvaro de Moya. A TV Excelsior ia lançar sua programação da tarde e me chamou para apresentar um programa feminino, de uma hora de duração, chamado *Grande Vesperal Credi-Lady* que ia ao ar às segundas, quartas e sextas-feiras às 16 horas. Tínhamos vários quadros diferentes de cinema, literatura, teatro, música, dicas de moda e de beleza, culinária, informações úteis, horóscopo, entrevistas com algum convidado especial ou personalidade que eu mesma sugeria e até uma novelinha. Era uma experiência diferente que me satisfazia, gostava muito, ali acabei me firmando como apresentadora. A Maria Tereza Gregory, que fazia programas femininos de muito prestígio, foi à inauguração do programa que ficou no ar por quase um ano. No Natal, fizemos um programa especial no Teatro de Cultura Artística destinado às crianças de orfanatos e instituições de caridade e distribuímos presentes, chocolates e balas. Apresentaram-se no programa, entre outros artistas, o palhaço Chicharrão, o compositor Caetano Zama, Carlinhos Mafazzoli, Luiz Bordon e Paulinho Mattar. Na Excelsior, atuei também como garota-propaganda, ganhava bem com isso.

Carreira de apresentadora na TV Excelsior, na Grande Vesperal

Meu lado político veio à tona também nessa época quando a classe artística começou um movimento chamado *A Telenovela é Nossa* contra os enlatados e os seriados, até porque as telenovelas estrangeiras começavam a ser importadas e tiravam trabalho dos atores brasileiros. Procuramos o Sindicato dos Radialistas Profissionais do Estado de São Paulo, que, na verdade, não fazia nada, montamos comissões e fomos à luta, não queríamos que os produtores adquirissem telenovelas estrangeiras para substituir as que eram exibidas em São Paulo. Desse movimento faziam parte Hélio Souto, Marisa Sanches, Laura Cardoso, Luiz Gustavo, Amilton Fernandes, Rosa Maria Murtinho, Cacilda Lanuza, entre outros. Brigamos bem, tanto que as emissoras começaram a abrir mais horários para as telenovelas brasileiras.

Na época em que a TV Excelsior resolveu fazer novelas, fui convidada para integrar o *cast* da emissora. Minha primeira novela lá foi *As Minas de Prata*, seguida por *Os Fantoches*, *Dez Vidas* e *Os Estranhos*, todas de Ivani Ribeiro, telenovelas de categoria, muita coisa ao vivo. A Excelsior era um bom lugar para se trabalhar, pagavam bem e de maneira correta.

Quando fui acertar meu salário para *As Minas de Prata*, no entanto, a proposta financeira não me agradou. Eu então disse ao Walter Avancini que precisava muito trabalhar, queria ir para a Excelsior, fazer novelas da Ivani Ribeiro, principalmente *As Minas de Prata*, mas daquele jeito não dava. A Ivani que me perdoasse por não aceitar o papel.

Ao ouvir isso, Avancini berrou comigo, então, saí andando e entrei no meu carro para ir embora avisando que depois eu ligaria para a Ivani Ribeiro para me entender com ela. Ele me dizia: *Mas ela quer você*. E eu respondia: *Então, paga o justo. Por que você insiste tanto?* E ele, enfim, me respondeu: *Porque você tem nervos*. Eu entendi que ele me queria no elenco e que aquelas palavras eram um elogio para mim. Então, chegamos a um acordo. Ele tinha todos aqueles estouros dele, os rompantes, mas nós nos respeitávamos, tínhamos uma afinidade e daí em diante eu procurei nunca discutir com ele; porque, de alguma forma, nesses casos a gente sempre perde.

Muitos e muitos anos depois, tive uma discussão parecida com um produtor que me disse que eu estava pedindo muito por um trabalho. Eu não tive dúvidas e respondi: *O meu preço é esse, mas se você procurar, vai encontrar alguém que faça por menos. Se procurar mais ainda, vai ter alguém que faça de graça. E se procurar ainda mais, vai ter gente que vai pagar para fazer*. Era

Como Ismênia em As Minas de Prata

a única resposta que eu tinha para dar, porque quem é que vai julgar o meu valor se não for eu mesma?

Ao fazer *As Minas de Prata*, em 1966, procurei reler o livro do José de Alencar, que eu já tinha lido na juventude, só pra recordar, ver quem era quem, e percebi que do meu personagem, a Ismênia, uma senhora que havia ficado paralítica ao cair de um cavalo, só havia duas ou três citações. Comentei isso com Avancini, que era um papel muito pequeno, e ele me disse que não, que eu veria isso no desenrolar da novela porque a Ivani escrevia de acordo com o ator escalado para um papel. Liguei para a Ivani com o mesmo receio e ela me tranqüilizou. O papel cresceu e numa novela que teve 172 capítulos, entrei em 168, trabalhei muito. A novela durou mais de nove meses. Gostei demais desse trabalho e recebi muitos elogios, meu personagem agradava muito o público.

As Minas de Prata era uma superprodução preocupada com as características da época, com o guarda-roupa, a maquiagem e a linguagem. A novela se passava em Salvador, em 1600 e pouco, e uma cidade cenográfica foi construída em São Bernardo. Walter Avancini tinha recebido naquele ano o Prêmio Governador do Estado de melhor diretor de telenovelas e dirigiu a novela como se fosse um filme, com cortes estudados e preparados, três ou quatro câmeras.

As primeiras cenas da novela foram rodadas nos estúdios da Vera Cruz. No elenco estavam Paulo Goulart, Regina Duarte, Stênio Garcia, Carlos Zara, Armando Bógus, Glória Menezes em uma participação especial, Dionísio Azevedo, Felipe Carone, Suzana Vieira e ainda Sônia Oiticica, querida amiga, uma pessoa maravilhosa, que

Com Regina Duarte e Renato Máster em As Minas de Prata, *TV Excelsior, 1967*

fazia uma fidalga, também era a mãe da outra família – Maria Tereza Vargas fez uma biografia da Sônia, gostei muito, o pai era anarquista.

Um dos cuidados da produção estava no fato de que antes dos atores entrarem em cena, eram examinados dos pés à cabeça para ver se o figurino, belíssimo, estava em ordem. Eu achava isso um progresso porque antes disso não era raro um ator entrar em cena com figurino do século XVIII, penteados do século XIX e relógio no pulso. Fui, inclusive, aprender a fazer as bijuterias que seriam usadas pela Ismênia quando vi em uma outra artista uns brincos muito bonitos que eram do meu personagem. Fiz muitas peças que ficaram exclusivas, colares e brincos. Infelizmente, o elenco quase não se encontrava porque tínhamos diversas cenas em vários e diferentes cenários. Minha única reclamação era que o nosso restaurante ficava muito longe do estúdio e tínhamos que nos locomover de um lado para o outro com aquelas roupas pesadas.

Eu me sentia feliz em fazer televisão por causa dos recursos técnicos que eram maiores do que o teatro. Meu papel era diferente de tudo o que eu já tinha feito em teatro, cinema e televisão e me deu muito prestígio, porque até então eu tinha feito mais comédias. Acredito que tenha sido um dos meus melhores trabalhos em televisão

As Minas de Prata, *com Regina Duarte*

porque o personagem era cheio de força dramática e com ótimas possibilidades, com vários ganchos para o público: além de paralítica, eu era mãe da Inezita, feita pela Regina Duarte, e do Stênio Garcia, um mau caráter, e esposa de um déspota, o Paulo Goulart, que dominava toda a família. Aliás, a família principal da história, os Avelar, eram fidalgos da corte. Muita gente criticou o fato de eu fazer a mãe do Stênio; afinal, tínhamos quase que a mesma idade, mas, no final, deu tudo certo porque o sofrimento da Ismênia a envelhecia.

Gostei muito do personagem, me paravam na rua para comentar o meu sofrimento. Ismênia era carregada por duas mucamas negras, bonitas e fortes, em uma cadeirinha porque na casa dela tinha uma escadaria. O marido tinha proibido a filha, Inezita, de namorar o Fúlvio Stefanini e o filho era um crápula, um jogador viciado, um ladrão que roubava as jóias da família. A novela se passava em uma mansão, nós tínhamos um banquete em um salão, gravávamos na Vera Cruz, precisávamos mesmo de um cenário grande. As falas também eram ótimas, muito bem desenvolvidas.

Ivani e eu nos dávamos muito bem, conversávamos muito por telefone, ela nunca ia aos estúdios. De vez em quando eu ligava para dizer que estava gostando do personagem, estive na casa dela aqui em São Paulo, na Rua Natingui, quando ela ofereceu um almoço para todo o elenco. Ela gostava muito do meu jeito de representar, dizia que eu tinha umas inflexões aprimoradas, gostava de me ver em cena, elogiava a forma como eu levava a Ismênia, dentro dos padrões que ela queria. Ivani era fantástica em escrever e desenvolver bem os personagens; o texto dela fluía, fazer um texto dela era uma glória, marcava a vida de todos e marcou a minha vida também.

Teve uma cena maravilhosa que ela escreveu, dirigida pelo Avancini, em que eu escorregava da cadeira e me arrastava para avisar Inezita que meu filho estava roubando as jóias da família para vender e quitar dívidas de jogo. Foi emocionante, porque como as pernas tinham que ser arrastadas, uma dificuldade tremenda, eu só podia me mexer da cintura para cima. Para fazer a cena, aproveitei a minha prática de ioga, usando expressão corporal, e ensaiei a cena em casa, no chão. Quando cheguei ao estúdio, no entanto, era um chão de tábuas largas, meio onduladas; se para me arrastar já era difícil, com aquela roupa de época e naquele chão, pior ainda. Eu fincava os braços adiante do meu peito e ia puxando as pernas, a câmera me pegava de grua, era uma cena muito bem-feita, foi comentadíssima, fizemos uma única vez, sem um único treino, não precisou nem repetir, o Avancini enquadrou tudo.

Na época, eu freqüentava o Clube Solar de Amigos quando, num domingo, uma menininha veio correndo e me abraçou chorando dizendo: *Dona Ismênia, Dona Ismênia, a Inezita não está morta não, ela está viva lá na igreja, eu queria dizer isso, mas não encontrei a senhora antes...* A Inezita tinha tomado um sonífero, estava dormindo, era um pouco a história de Romeu e Julieta, a mãe achava que ela estava morta. Então abracei a garotinha, expliquei que na televisão era Dona Ismênia, no clube era a Vera Nunes, mas agradecia a informação que ela estava me passando.

Na cena da prisão do Stênio, vem a milícia e eu ficava séria, dura, as lágrimas correndo, porque achava injusto o que aquele rapaz fazia com a família. Quando meu filho Silnei viu essa cena na televisão, me disse chorando aqui em casa: *Era só você estender a mão, mamãe, dizer para eles não levarem, ele era meu amigo*. É que como o Stênio brincava muito com meu filho nos gramados da Vera Cruz, Silnei achava que era o amigo dele que estava sendo preso.

Silnei, de vez em quando, ia comigo às gravações, gostava muito e reagia muito bem, sabia que o silêncio era obrigatório quando estavam gravando. Entendia também qual era o meu papel, tanto que na escola, quando perguntavam se ele tinha dois pais, um que ia buscá-lo depois das aulas e outro lá na televisão, ele logo respondia que aquele pai da televisão, o Paulo Goulart, era de mentirinha... Sílnia também acompanhava minha carreira, assistia todos os meus trabalhos.

Um dia, tive que levar meu filho, que estava com uns quatro anos, para o estúdio porque não tínhamos com quem deixá-lo. O Miro estava fora, a gravação ia se estender pela noite e eu não podia nem trazer o Silnei de volta porque era o meu cenário que estava sendo filmado. Como o Avancini não deixava ninguém sentar no cenário, arranjei uma poltrona, ajeitei meu filho sonolento ali e disse: *Meu filho, pelo amor de Deus, não se mexe, fica quietinho, não fala nada, se você fizer um barulhinho que seja vai ser colocado pra fora do estúdio*. Só que o Avancini entrou no estúdio falando sei lá o quê e o Silnei não teve dúvidas: levantou, colocou o dedo na boca e fez para o Avancini: *Psiu...* Foi uma gargalhada no estúdio porque o Silnei lá sabia quem era o Avancini?

Avancini era muito rude, mas a mim respeitava como intérprete e como pessoa, até porque eu sempre estava com meus textos decorados, na ponta da língua. Não sou perfeita, mas sempre estudei meus textos, era profissional, e se tínhamos que repetir algumas cenas, não era por erros meus, mas por erros de técnica. Ele respeitava outras atrizes e atores, mas eu me sentia passada quando via broncas sérias em outras pessoas.

Trabalhei muito com Paulo Goulart, dávamo-nos muito bem, eu gostava muito dele; gosto da Nicette também, temos um bom relacionamento. Também me dava muito bem com Regina Duarte, começando a carreira, e com o Stênio.

Quando terminou *As Minas de Prata*, a Excelsior me chamou para viver outro difícil papel em *Os Fantoches*, também da Ivani Ribeiro. Era uma novela policial, em que há um assassinato e todos eram suspeitos, inclusive eu que fazia Julieta, uma mulher intriguenta, déspota, com uma filha, personagem da Tereza Campos. Meu papel era muito interessante e a direção era do Walter Avancini. No elenco estavam Flora Geny, Ivan de Albuquerque, Átila Iório, Elizabeth Gasper, Paulo Goulart, Nicette Bruno, Dina Sfat e Stênio Garcia, entre outros.

Dez Vidas era a história da Inconfidência Mineira, com texto também da Ivani Ribeiro. Tínhamos cenas muito bem-feitas. Eu fazia a Condessa de Barbacena, Carlos Zara era Tiradentes, Stênio Garcia, mais uma vez, muito bem, no papel de Joaquim Silvério dos Reis, mais Cláudio Corrêa e Castro e Edson França, entre outros colegas, sob a direção de Gonzaga Blota e Gianfrascesco Guarnieri.

Em *Os Estranhos*, meu papel era o de Mimi, uma velhinha simpática e pitoresca, dona de uma pensão e que fazia fofoca do que acontecia na cidade com uma outra velhinha, a Lídia Costa. Como ela sofria de bronquite, quando estava muito excitada, ficava sem ar e tinha que sair procurando sua bombinha para poder respirar, era uma coisa engraçada, um diferencial que encontrei para o personagem e que não estava no *script*. São características que o ator tem que buscar para valorizar o papel. Nessa novela, o Pelé tinha uma participação especial e foi meu filho Silnei quem o ensinou a marcar o texto, contava isso para todo mundo com orgulho.

Uma das minhas honras em fazer a novela *Os Estranhos* era observar o trabalho do Gianfrancesco Guarnieri, impecável. Ele se colocava junto ao cenário para ver as minhas cenas, morria de rir com a gente. Eu sentia um orgulho tremendo

Condessa de Barbacena, em Dez Vidas, *TV Excelsior*

disso e confesso que, às vezes, eu até olhava antes de fazer minha cena para ver se ele estava presente. Sempre estava.

Quando deixei a Excelsior, fiz papéis na TV Record como convidada ou contratada por trabalho determinado. E no comecinho da TV Cultura, com o Vicente Sesso produzindo e dirigindo, fiz um programa chamado *Lendas Orientais*, meio musical, com um elenco de mais de 50 pessoas, que ia ao ar às quintas-feiras, às 19h30. Era um programa muito interessante, todo mundo gostava, remetia aos contos de fadas, fizemos muito sucesso, pena que não fosse em cores porque as fantasias eram muito bonitas. Fui protagonista da peça de estréia, *A Rosa Azul*, fazendo uma princesa, e atuei ainda como atriz convidada no episódio *Estrela*, ao lado da Aparecida Baxter, do Walter Carvalho, Mário Alimari e outros.

Em 74, firmei um novo contrato com a TV Excelsior para fazer a novela *O Pintor e a Florista*, ao lado da Cacilda Lanuza, Lolita Rodrigues, Armando Bógus, Marina Freire, Lucy Rangel e Homem de Mello, entre outros. Era uma novela simples, nada de extraordinário na história, os protagonistas eram o Bógus e a Lolita. Mas havia bons papéis, bons personagens.

Também fiz novela na Bandeirantes – *Cara a Cara* – e no SBT – *Jogo de Amor*. Na TV Globo, participei do seriado *Avenida Paulista*, com direção do Avancini. Mais recentemente, entrei em quatro capítulos da série *Palavra Viva*, que foi ao ar pela Rede Vida com direção de José Carlos Barbosa.

Também trabalhei muito em rádio, gostava muito. Numa época, a Rádio Excelsior teve a idéia de lançar um programa importante de radioteatro supervisionado pelo Mário Donato, chamado *Gente do Palco no Rádio*, que levava ao ar todas as segundas-feiras, quando as companhias teatrais estavam de folga, peças de grande envergadura e de fama mundial feitas por artistas de teatro. A primeira peça radiofonizada foi justamente *Presença de Anita*, com todo o elenco do filme. Também se apresentaram no programa Cacilda Becker, Sérgio Cardoso, Madalena Nicol, Jayme Barcelos, Maria Della Costa e outros. Acabei me integrando à Excelsior e ganhei em um programa chamado *Encontro das Terças e Sextas-Feiras*, que era comandado pela Sarita Campos, um quadro em que eu conversava com as ouvintes sobre moda, maquiagem e assuntos do gênero. Outras pessoas que trabalhavam no programa eram Hebe Camargo, Maria Helena, Lia Terezinha, Alcina Toledo, Leda Fortes, Regina

Macedo, mãe do Luís Carlos Miéli, Maria Tereza e Helena Samara. Encontrei a Alcina Toledo, que era uma das redatoras do programa, em um almoço na casa da Vida Alves recentemente, e batemos um bom papo sobre aqueles tempos.

Em rádio, participei também de um programa diário e ao vivo da Rádio Nacional chamado *Ouvindo e Aprendendo*. Era um programa de curiosidades escrito pelo Genolino Amado. Leonardo de Castro é quem apresentava comigo, ele lia uma curiosidade e eu outra.

Muita gente estranha meu afastamento da televisão, o fato de eu não ter um papel em uma novela. Tem tanta gente boa por aí que não está sendo aproveitada. Eu ficava contente ao ver Raul Cortez, Walmor Chagas atuando, eles eram os esteios das novelas; seguravam os outros atores. A ausência de atores desse naipe na televisão é uma derrota da teledramaturgia, da cultura. Como não existe no Brasil a figura do agente, se o ator não coloca a cara pra bater, fica sem trabalho. Dizem que não faço relações públicas e na verdade não procuro, porque me sinto humilhada em ficar ali sentada na sala de espera de um diretor sem que ninguém nem te olhe, te reconheça. Pra TV Globo eu gravei três vídeos com personagens importantes. Tenho certeza que me saí muito bem, mas não me chamaram até hoje. Na TV Cultura, fiz algumas coisas de teledramaturgia quando a Analy Álvares estava lá. Participei do programa *Senta que Lá Vem Comédia,* fazendo *Os Ossos do Barão.* A TV Record ia fazer um seriado, me convidaram para fazer a leitura, fui e estou aguardando me chamarem.

O que a televisão faz com os artistas, meu Deus do céu! Você não sabe a alegria quando chego a um lugar e as pessoas me reconhecem, dizem: *Vi isso de você, vi aquilo.* Outro dia, eu estava almoçando em um restaurante quando uma senhora se aproximou e me disse: *Você é a Vera Nunes, não é? Reconheci pela voz, característica, trabalhada, audível. Vi você em As Minas de Prata, por que é que você não está na televisão? Eu fico com tanta saudade dos seus teatros...* É uma paulada na minha moleira cada vez que me perguntam isso. É um processo complicado e dolorido ter que pedir emprego nos dias de hoje, especialmente para mim. Sempre tive uma postura muito séria, responsável, uma carreira da qual não me envergonho.

Não saberia dizer em que meio me dei melhor, se no teatro, cinema ou televisão, porque as técnicas de todas essas artes são diferentes, são escolas diferentes. Para mim, o meio que realmente completa o artista é o teatro, ele me satisfaz como intérprete. Por exemplo, no teatro, abriu o pano é você que está ali em cena para mostrar aquilo que aprendeu nos ensaios. Ali o ator não tem defesa: errou o texto, esqueceu, entendeu mal o personagem, seu trabalho está lá sacramentado; no entanto, você pode corrigir na próxima sessão. A gente nota quando a platéia está dispersa, quando alguém tosse; aí, o ator que trate de se cuidar porque alguma coisa está errada. No teatro, numa sessão a platéia dá risada da sua frase e na sessão seguinte ela fica muda. Fiz uma peça em que somente na última sessão a platéia entendeu minha fala e riu. Eu saí dali pensando: *Mas logo hoje? O que é que eu fiz diferente?* Mas não era a minha interpretação não, era a platéia mesmo que estava diferente, captando minúcias que as outras não tinham captado. Sinto hoje uma platéia de teatro mais receptiva, embora os públicos de São Paulo e Rio, por exemplo, tenham comportamentos muito diversos: há peças que o Rio aceita e São Paulo não e vice-versa.

Cinema depende muito do diretor, mas dá ao ator oportunidade de corrigir defeitos. No cinema você tem que ter um gestual pequeno, mas tem gente que exagera na falta de movimentos. É importante o ator se conscientizar que cada uma dessas artes é diferente, cada lugar que ele vai representar é diferente, o público é diferente.

Faço televisão com prazer porque exige um completo domínio de reações, de voz e de técnica, com a vantagem do ator saber que o telespectador está em casa, assistindo confortavelmente ao nosso trabalho. Na televisão, exige-se mais rapidez, você recebe os capítulos hoje para gravar amanhã, mas, em contrapartida, ela oferece muito prestígio ao ator e permite uma intimidade maior do público com o ator. Há uma nova geração de atores que serão consagrados até mesmo por causa da força que a televisão tem junto ao público, do fato de ela entrar na casa das pessoas. Lembro que minha mãe se arrumava e colocava até perfume para ver televisão, porque queria que os atores a vissem bonita. É lógico que era uma brincadeira, mas muita gente devia fazer isso.

Dos atores em ação atualmente, admiro demais o trabalho do Tony Ramos, um ator muito versátil e muito correto como ser humano, muito querido pelo público e pelos colegas, transmite muita verdade. Faz o personagem entrar dentro dele e se transforma, se transmuda no que faz. Trabalhamos juntos na TV Excelsior, ele sempre muito brincalhão, mas respeitador, uma pessoa séria. Gosto muito de vê-lo em cena, como gosto também desses atores novos que vejo hoje atuando, cada um com suas características. É o caso do Wagner Moura, da sua maneira de representar, já vi filmes e novelas com ele, gosto muito da versatilidade dele. Gosto também do trabalho do Fábio Assunção. Tem muita gente boa surgindo por aí, que nos dá orgulho da profissão, não só na Globo como em outras emissoras.

Capítulo VIII

Outras Experiências Teatrais

Não use seu tempo e suas palavras com descuido, nenhum dos dois pode ser recuperado

Quando a Companhia Teatral Vera Nunes e Carlos Alberto terminou, fui fazer uma temporada com Dulcina de Morais e o marido, Odilon Azevedo. Na peça *O Imperador Galante*, do Raimundo Magalhães Júnior, eu era a imperatriz Amélia, segunda esposa do D. Pedro I, o imperador galante, interpretado pelo Odilon – Dulcina fazia Domitila de Castro e Canto, a Marquesa de Santos, amante do D. Pedro I. A direção era da Dulcina, que ganhou o Prêmio Municipal de Teatro por esse trabalho. A peça foi muito bem, até mesmo porque Dulcina tinha o seu público. E eu sabia que seria um aprendizado trabalhar com ela, como foi com Aimée, Procópio Ferreira, Ziembinski.

Eu terminava uma temporada e recebia um novo convite, assim ia indo. Trabalhar era uma das maiores satisfações da minha vida e eu considerava cada papel, cada criação como uma lição a mais no meu oficio. Nunca estava satisfeita comigo, ao contrário, queria melhorar sempre mais.

Em 1958, trabalhei em uma comédia inconseqüente chamada *Uma Cama para Três*, de Claude Magniet, com Sérgio Cardoso interpretando um francês que quer conquistar a minha personagem e Carlos Zara fazendo meu marido que viajava muito e só chegava em casa à noite. Ficamos muito tempo em cartaz, foi um sucesso, e achei a experiência muito boa por se tratar de uma comédia e eu trabalhar ao lado de dois atores de grande personalidade.

Nunca tinha trabalhado com o Sérgio Cardoso, que também assinava a direção e os cenários. Gostei muito. Ele era muito rígido, fazíamos os ensaios de mesa primeiro até entrar no personagem e depois é que íamos para o palco para marcações. Isso era uma garantia de sucesso porque já estávamos ali como personagens e não havia necessidade de interromper os ensaios para alguma correção. Quando a gente sai de um ensaio de uns dois meses de leitura, de análise do texto, e vai fazer a marcação, entra direto no personagem e então é só aprimorar o ritmo.

Além disso, o Sérgio Cardoso era muito bom de comédia e nos permitia algumas *gags* sobre alguns fatos que eram notícia. No final da temporada, o Zara tentou brincar comigo com uma lingüiça ou um paio que encontrara em uma caixa de ferramentas e eu, para não rir, enter-

Com Carlos Zara e Sérgio Cardoso em Uma Cama para Três

rei minhas unhas na palma da mão. Saí de cena com sangue, dizendo: *Olha, dei meu sangue por esse trabalho...* Eu tinha vontade de esganar o Zara... ele não tinha combinado que ia fazer a cena daquele jeito.

Fizemos um sucesso enorme, com casas lotadas, aliás, não me lembro de ter feito qualquer espetáculo que não fosse sucesso de público. Eu adorava o espetáculo. Éramos muito amigos, todos, conversávamos quando encerrávamos as matinês e aguardávamos os espetáculos da noite. Nessa época, o Carlos Zara estava se formando em Engenharia, na Escola Politécnica.

Eu usava na maquiagem do personagem uma sombra azul. Um dia, ganhei uma sombra verde, coloquei e entrei em cena. Na hora que o Sérgio me olhou com a sombra verde, ficou estático por alguns segundos e depois me chamou pedindo que quando eu alterasse alguma coisa, de texto ou de maquiagem, ensaiada por muito tempo, o avisasse. Quando isso acontece, acaba descontrolando o ritmo dos parceiros.

Como eu usava um *baby-doll* transparente na peça, fui ganhando admiradores. Muitos anos depois, encontrei um fã que me confessou ter visto a peça umas dez vezes, da primeira fila, só para me ver de *baby-doll*, um tipo de camisola bem curtinha. Depois de um tempo, excursionamos por algumas cidades.

Um outro projeto do qual participei chamava-se Teatro de Verão. Eu e Jayme Barcellos montamos algumas peças mais simples: *Amanhã, Se Não Chover*, *Uma Certa Cabana*, *Pancada de Amor* e *Leito Nupcial* e fomos para algumas cidades. Em Poços de Caldas, fomos chamados a inaugurar, no antigo Cassino da Urca, um teatro que não foi construído como se deveria e não tinha equipamento próprio para montagem de refletores. Foi por isso que em uma das nossas primeiras apresentações, na montagem de *O Leito Nupcial*, nos assustamos com uma revoada de morcegos. Na cena final, que era dramática, eu, já morta, entrava vestida de noiva para buscar o marido na cama. Os morcegos começaram a fazer vôos rasantes em cima da minha cabeça. Comecei a tremer porque como a luz estava sobre mim, eles vinham atraídos pela claridade. Fizemos o Teatro de Verão também em Campinas.

Em julho de 1960, voltei ao Rio para fazer a peça *Conheça Seu Homem*, uma comédia em três atos de Henrique Pongetti. Levamos a peça no Teatro Dulcina, com direção de Pernambuco de Oliveira e produção de Vitor Berbara, que tinha uma companhia que se chamava Estúdio A e montava textos de Oscar Wilde, Gogol e Shakespeare. Fui

Com Jaime Barcelos em Leito Nupcial

muito bem recebida nessa volta ao Rio e montei apartamento em Botafogo.

Em 1963, logo depois que meu filho mais velho nasceu, fui convidada para fazer a peça de estréia da Companhia de Comédias, do Graça Mello, chamada *A Cegonha se Diverte*. O Graça

Mello, que foi sogro da Marilia Pêra, viveu muitos anos no exterior e, quando voltou, radicou-se na Bahia. Ao reorganizar sua nova companhia de teatro, encenou essa peça interessante em que eu fazia o papel de uma mulher grávida ao mesmo tempo em que a filha e que foi apresentada apenas aqui em São Paulo.

Em 1967, trabalhei em uma peça do Edward Albee, *Sonho Americano*, encenada no Teatro de Arte, que funcionava anexo ao TBC – eu fazia a Senhora Baker. A peça era considerada difícil e complexa porque representava uma crítica ferrenha ao sistema político norte-americano, difícil para a platéia acompanhar de início. A crítica elogiou meu trabalho e do diretor Afonso Gentil, por causa de um certo distanciamento que nós demos ao personagem, nós dois discutíamos cena por cena; de certa forma, a peça lembrava um filme da época, *Teorema*, do Pasolini, porque desestruturava tudo. Eu tinha uma cena bem forte, que era do nascimento de uma proposta, então, era um parto. Como a personagem se despojava de toda roupa, eu teria que ficar nua ou quase em cena.

Aliás, nas únicas vezes em que me meti em política não me dei bem. Uma vez foi quando assinei um manifesto pela paz que tinha começado na Thecoslováquia e estava pegando assinaturas de brasileiros. Naquela época, eu estava trabalhando muito, fazendo cinema, rádio e teatro ao mesmo tempo. Quando cheguei à Rádio Nacional, Mário Donato, que era um dos diretores da emissora e autor de *Presença de Anita*, me chamou para dizer que por causa daquele manifesto, eu talvez nunca mais entrasse nos Estados Unidos. Fiquei triste, afinal, quem é que não quer a paz? Só sei que alguns anos depois, quando eu e Miro viajamos para os Estados Unidos, fiquei temerosa de que não me dessem o visto... Felizmente, conseguimos viajar numa boa. Quando minha filha Sílnia foi trabalhar no Arquivo do Estado, ao arrumar umas caixas que continham o acervo do Dops – os funcionários tinham que trabalhar usando máscaras e luvas por causa dos cupins, uma coisa terrível – encontrou uma pasta com meu nome, felizmente com uma anotação de *Nada Consta*. Bem mais recentemente, fui trabalhar no Sindicato dos Artistas de São Paulo, uma experiência difícil e bem cáustica que, sinceramente, não tinha nada a ver comigo porque sindicato é sempre polêmico. Mesmo assim, cumpri meu mandato de três anos.

Cheguei a fazer também um musical ingênuo e malicioso sobre os hábitos de um Nordeste medieval, com o texto todo em versos, éramos 14 atores em cena, isso em janeiro de 1970. Em *Os Mistérios do Amor*, as duas personagens principais eram a Rita Parideira e a Maria Estéril que fazem um acordo com o capeta. Cacilda Lanuza fazia a Rita Parideira e eu a mulher-homem ou o homem-mulher. Era uma trama muito intrincada e foi difícil fazer esse personagem que não era feminino nem masculino; eu não sabia como compor, estudava e não estava legal, demorei a engrenar, mas graças a Deus a crítica gostou. Uma das únicas vezes em que briguei com um personagem foi em *Os Mistérios do Amor*, tanto que fui pedir ao Eugênio Kusnet, que nos dava aulas de interpretação, uma orientação de composição, foi um dos desafios mais difíceis que tive que enfrentar na vida. Para fazer bem, você tem que gostar do personagem, buscar o que ele tem de bom para desenvolvê-lo. O ator vai detestar o personagem se ele não estiver fazendo bem, já cria uma antipatia.

Fiz também, para estudantes, *O Auto da Compadecida*, de Ariano Suassuna, ao lado de Paulo Hesse e Analy Álvares. Eu interpretava a Compadecida e quem fazia o Cristo era um ator negro que numa cena, a do julgamento, teve um ataque de amnésia e esqueceu o texto. Tentei ajudar, outros atores também, e no final deu tudo certo.

O ano de 74 foi um ano muito triste na nossa família por causa da morte, em um desastre, de um sobrinho, filho da Aurora. Mas foi o ano que marcou também minha volta ao teatro – completei 25 anos de carreira atuando na comédia de costumes *O Genro que era Nora*, escrita e dirigida por Aurimar Rocha. Eu fazia a mãe, Dona Laura, uma mulher louca e inconseqüente, sempre preocupada consigo mesma e que ficava fazendo ginástica em cena, vestida de *collant*. Ela tinha tiradas de grande dama, mas era bem vulgar. Foi bom porque ganhamos dinheiro.

Estive também no elenco de uma peça muito interessante e muito engraçada que inaugurou o teatro da Aliança Francesa. Chamava-se *O Ovo*, com direção de Jean Luc Decave, e eu contracenava com outros 14 atores, entre eles meu querido amigo Armando Bógus. Fizemos muito sucesso, ficamos quase um ano em cartaz com casas lotadas, viajamos e tivemos boas críticas e boa repercussão junto ao público.

Bógus era uma pessoa discretíssima, de poucas palavras, muito competente, muito bom ator e um grande companheiro de trabalho. Estava casado com a Irina Grecco. Ela aparecia por lá de vez em quando, sempre muito chique, muito elegante. Uma vez, fomos jantar juntos e quando olhei para o casaco que ela usava, vi que havia na gola um escaravelho. Pensei tratar-se de um broche, porque tinha umas pedrinhas, mas quando olhei novamente, o broche estava perto do pescoço da Irina. Levei um susto ao perceber que o broche era um escaravelho vivo que ela levava para passear. Ele ficava preso em uma correntinha, para não cair nem sumir, e ela o carregava em uma caixinha.

O Labirinto, de Agatha Christie, foi uma grande peça e um grande sucesso em 1978; a crítica foi muito boa comigo, eu adorava essa peça. O interessante é que ocupamos o Teatro Markanti, que estava fadado a desaparecer pela falta de estacionamento, e acabamos ficando nove meses em cartaz com casas lotadas. É um texto policial e a história se passa numa casa de campo, num fim-de-semana, onde estão reunidos parentes. Acontece um crime e todos são culpados. O elenco era excelente, de primeira, e os cenários e figurinos, excepcionais.

Eu interpretava um excelente papel, a dona da casa, uma dama da alta sociedade londrina, muito autêntica, Lady Lucy, que todos achavam que era a assassina a partir de uma cena em que eu ficava sozinha. No fim, ela é que oferecia pistas para a descoberta do verdadeiro assassino. Meu personagem era muito complexo, e, para criá-lo, me liguei em todas as opiniões que os demais tinham sobre Lucy: que era louca, não era confiável, era severa, autoritária, dominadora, inconseqüente, etc. Aliás, sempre fiz isso em todos os meus trabalhos e com todos os meus alunos: estudar a fundo o personagem por meio da montagem de um esquema colocando, de um lado, tudo que você imagina que ele seja; de outro, o que acham dele, e buscar o personagem lá dentro.

Hoje em dia, os métodos usados para criar um personagem não têm muito a ver com os que usávamos. Sinto falta de ganchos, usam-se muitos clichês, acredito que isso porque não se tem tanto tempo para preparar os personagens. Naquela época, todo mundo se esforçava muito para fazer seu papel de forma perfeita. Como nossa técnica implicava em muita leitura, quando a gente levava o personagem para o palco, ele já estava construído dentro de nós – antes disso seria perigoso dizer que já tinha um personagem pronto. Enquanto eu fazia um personagem, seja no cinema, teatro ou televisão, ele me acompanhava o dia inteiro, como que um desdobramento meu, até quando o trabalho já tinha terminado. Às vezes, eu acabava incorporando certos gestuais de um personagem, mas tinha consciência disso, sabia que não eram meus.

Rodolfo Mayer uma vez me disse que estudava seus papéis sempre em casa. Foi ótimo eu ouvir isso porque eu seguia esse mesmo método, desenhava o personagem antes. Se um ator do nível dele trabalhava assim, era sinal de que meu caminho estava correto – fizemos juntos *Bloom, o Homem dos Milhões*, também ao lado da Conchita de Moraes, foi um prazer trabalhar com ela. Eu fazia uma das preferidas do protagonista.

Não que eu levasse para um ensaio o prato pronto, não era isso, o diretor podia não gostar, mas eu tentava levar ao máximo o personagem desenhado, depois era só preencher. A carreira de artista exige sacrifício, força de vontade e vocação.

Depois de ficar sem fazer teatro um bom tempo, em meados de 1980, o Sebastião Apolônio me chamou para montarmos uma peça. O nome original era *O Poder das Massas*, tinha sido apresentada com esse nome em 1945, mas acabou ficando *O Bengalão do Finado*, eu é que sugeri o novo nome, mais chamativo. Era uma comédia de costumes carioca do Armando Gonzaga – ele tinha feito também *Cala a Boca, Etelvina* – com muita piada, confusões, casamento de interesses e uns toques de crítica social, porque falava da decadência de uma família tradicional e da ascensão da classe social mais baixa. Por incrível que pareça, foi um sucesso, era uma peça muito gostosa de fazer, lotamos o Teatro Alfredo Mesquita. A crítica elogiava meu trabalho, o da Elizabeth Henreid, do Renato Bruno, que fazia um ricaço, e do Bruno Giordano; dizia que enquanto estávamos em cena mantínhamos o interesse da platéia. A dona da casa era a Elizabeth Henreid, que tinha um porte sofisticado, o Cuberos Neto também estava no elenco e eu fiquei com o papel de uma empregada escrachada que queria casar – ela usava um vestido muito engraçado, de bolas enormes, amarelas, bem curtinho; quando entrava no palco era uma sensação. Ela realmente se casa e com um milionário, o filho solteirão dos patrões. Um dia ela vai visitá-los e chega toda cheia de jóias, uma perua, de salto alto, vestido decotado. O figurino, muito elogiado, era do Lu Martin; as roupas realmente eram um show.

Uma outra comédia que fiz, que, na verdade, eu nem me lembrava direito, era *Madame Caviar*, em fevereiro de 1982. Eu era a protagonista, uma abastada condessa que se dizia paraguaia, viciada em jogo e que chega a São Paulo para visitar um sobrinho e lhe faz propostas de negociatas. Minha dificuldade maior era com o baralho mesmo; eu não conseguia fazer muitas peripécias com ele. Treinei, treinei, mas as cartas voavam. O texto era do Walcyr Carrasco, muito

Na peça O Bengalão do Finado

bom; quando ele quer fazer graça ele é ótimo, e a direção de Sebastião Apolônio. Quem ia fazer o meu papel era a Íris Bruzzi, mas como no terceiro ato a fulana tem que entrar em um caixão, a Íris se recusou e então o Apolônio me chamou quando faltava menos de uma semana para a estréia. Acabei fazendo e não tinha qualquer problema; eu fazia muito bem essa cena em que ela fingia que estava morta no caixão, deitada em cima de um monte de muamba.

Parece que o Walcyr gostou da substituição. Cada artista queria arrancar mais e mais gargalhadas da platéia. O texto original, por sinal, muito bom, despertava naturalmente o riso, mas já era outro. Então, quando entrei, o texto original foi retomado e aí sim o Walcyr identificou que a peça era dele. Faltava certa noção ali de que tínhamos de fazer graça com o texto, e não com micagens, que era o que uma iniciante fazia, me imitando por trás, ridicularizando meu personagem. Pra quê?!... Numa das sessões, disse a ela na lata: *Que é que é isso, você não tem mais o que fazer do que imitar Carmen Miranda? Sai, sai, você não tem nada a fazer aqui porque estamos num colóquio...* Ela nunca mais repetiu essa bobageira, entrou pelo cano...

Sei que isso acontece, não é raro, mas imagina querer fazer isso comigo. Tem umas piadas que correm por aí sobre duas grandes atrizes, que não foram do meu tempo, é bom que se diga, e que estavam se digladiando em cena. Cada vez que uma caminhava para trás, a outra ia para trás também. Como havia um grande janelão aberto em cena, as duas desabaram dali, com seus saiotes cheios de babados.

Teto de Lona foi uma outra experiência que fiz, sob a direção de Júlio Sanz. Era sobre um casal de velhos artistas de circo, dois palhaços, ele o

Chá e ela o Plin e de seus dois filhos. Por estarem na miséria não mais conseguem sobreviver de seus ofícios e os filhos enveredam pelo mundo da droga e da prostituição. Infelizmente, as marcações eram muito pobres, muito simples, não precisavam ser tão simples, e como não houve qualquer divulgação ou promoção nem mesmo na estréia, apesar de o programa ser muito bem-feito, não tivemos repercussão, o que foi uma pena, porque era uma peça bonita. Eu tinha uma cena muito comovente no final, quando ela morre.

Outra boa experiência foi a leitura, ao lado de Flávio Guarnieri e Neusa Velásquez, de *Vestir o Pai*, isso em 2001, uma tragicomédia de Mário Viana que a Lourdes de Morais dirigiu no Teatro Maria Della Costa; gostei muito do trabalho dela, é daquelas que tiram o personagem da alma da gente. Eu queria muito levar esse trabalho para os palcos, mas, infelizmente, não era a hora adequada para que eu fizesse uma produção; eu não tinha nem capital e nem possibilidade de fazer essa montagem. Mais tarde, Mário Viana vendeu os direitos da peça para o Paulo Autran e ele montou o espetáculo e dirigiu, com gente muito boa. Quem fez o papel que eu li foi a Karin Rodrigues, mas eu é que gostaria de ter feito...

Preparando-se para entrar em cena, na peça Teto de Lona

Adoro essas leituras, dão um bom desenvolvimento, fiz muitas delas no Teatro Maria Della Costa e gostaria de continuar fazendo. Na Sociedade Lítero-Dramática Gastão Tojeiro, fizemos a leitura de um texto meu, chamado *O Velório*. Na verdade, como eu queria muito aprender a técnica de desenvolver um personagem, fui fazer um curso com o Chico de Assis e, ao me apresentar, avisei que queria escrever uma peça, conhecer a carpintaria. Ele, logo de início, me encomendou uma página de texto sobre um velório e tudo que me contavam sobre o assunto, ou que eu lia, eu guardava. Não teve outra, escrevi uma comédia cheia de personagens que se cruzavam naquele ambiente e que depois montamos com o Grupo Paineiras do Morumbi, ficou muito engraçada. Uma das personagens era uma mulher que lia os obituários dos jornais à procura de velórios e enterros de gente rica aos quais pudesse levar as filhas encalhadas para conhecer os viúvos.

Depois disso, escrevi *O Batizado*, reunindo uma família católica e uma família judia numa guerra de costumes, mas sem ridicularizar determinadas situações, o que não é meu estilo – o texto ficou inacabado porque eu não pretendia fazer críticas, não dei o fecho. O que eu pretendia, na verdade, era escrever uma trilogia: *O Batizado*, *O Casamento* e *O Velório*.

Com um grupo muito bom, excelente, formado por Paulo Goulart, autor também do roteiro e narrador; Ruthinéa de Moraes, Consuelo Leandro (depois substituída por Suzy Arruda) e Roberto Arduim, entre outros, fiz uma peça espírita chamada *Sete Vidas*, com direção muito criativa, diferente, da Bárbara Bruno. Encenamos no Teatro Paiol e nós mesmos é que alterávamos o cenário. Fizemos tanto sucesso, do principio ao fim, que nunca recebi tanto dinheiro por um trabalho. Viajamos por 30 cidades com casas lotadas, cada dia um espetáculo num lugar diferente, ficamos quase um ano em cartaz, gostei demais de fazer.

Homens de Papel, do Plínio Marcos, como o próprio nome indica, trata da fragilidade do ser humano na sua luta para a sobrevivência. Quando fomos encenar a peça, numa remontagem do texto pelo grupo Luz e Ribalta, eu e Miro não sabíamos nada do casal de personagens – eu fazia a Poquinha, porque trazia sempre pouquinho papel – de onde eles tinham vindo, onde haviam nascido, porque aquele estado de penúria de ficar recolhendo papel na rua, se possuíam família ou não, se os filhos tinham morrido ou abandonado os pais, não havia nada em que a gente pudesse se pegar. Então, percebi que o Plínio Marcos não tinha escrito aquele personagem à

Na peça Sete Vidas

toa, ou seja, era um personagem político, mostrava a situação a que chegam os velhos hoje, tendo que trabalhar, a recolher papel nas ruas, era uma critica à sociedade. Ou seja, quando eu não tinha no que me pegar para compor um personagem, eu ia procurar os meandros pelos quais enveredar.

Miro era ótimo como meu parceiro de palco porque a gente tinha muita intimidade, tanto que não sei se foi a pedido dele ou do diretor, Tonhão, que tivéssemos uma cena de sexo debaixo dos lençóis – uma vez até escutei um comentário da platéia: *Mas são os dois velhinhos...* E ele, como marido da personagem, preocupava-se com a fragilidade da mulher, principalmente quando ela decidia enfrentar o chefão.

Quando a gente vê essas pessoas que apanham papel, percebe que não prezam muito a limpeza, a higiene. Como em uma das cenas a minha personagem chegava se enxugando, como se tivesse tomado um banhinho, eu quis fazer o papel como se ela não estivesse vivendo aquela vida totalmente, integralmente, ela se preservava de alguma maneira de uma vida anterior, mais digna, tanto que o casal tinha uma certa dignidade. Eu gostava imensamente de fazer aquela mulher que só entrava em cena uns dez minutos depois que a peça tinha começado, quando os outros estavam falando dela em meio àquela degradação, cada um querendo roubar do outro o que tinha recolhido, uma coisa muito agressiva, cruel. Era um papel pequeno, mas que me fazia observar a degradação dos personagens à minha volta, eu ficava com pena pelo fato de existirem pessoas daquele jeito. Comigo não tem aquela história de fechou a porta acabou, eu trago os personagens comigo, às vezes acabo até incorporando algum gestual. Quando eu fazia alguma mulher meio fresca, por exemplo, me deparava com algum gestual do personagem que tinha se incorporado em mim.

Essa peça foi um sucesso, principalmente porque nos apresentávamos para escolas, eu sentia que os espectadores adoravam os dois velhos, e não era uma coisa de claque, eles gostavam mesmo dos personagens. Lotávamos todos os espetáculos.

Eu e Miro trabalhamos juntos novamente só quando fomos para Portugal. Depois disso, não tivemos mais oportunidades. A exceção foi *Homens de Papel*.

Vera e Miro: um amor de toda uma vida

Capítulo IX

Uma História de Amor de Quase 50 Anos

A luz da graça é uma luz que muda as sombras em sol.

Penso que a profissão do ator é uma vocação que exige capacidade de luta para aparecer e sobreviver. No caso do meu marido, Miro, eu dizia que éramos irmãos de armas.

Conheci Altamiro Martins quando fui assistir à estréia da peça *Gimba*, ele no palco e eu na platéia, ao lado do Fernando de Barros e do Dener. Miro era considerado um dos melhores atores da nova geração do teatro e veio me dizer que a gente já tinha se conhecido em um evento, mas eu não lembrava. Para o personagem, um repórter, ele usava uma voz estridente, agressiva, eu não suportava ouvir aquele homem falando – depois ele me contou que a voz tinha sido uma exigência. A peça foi apresentada, mais tarde, em Portugal, Roma e no Festival das Nações de Paris pela Companhia Teatral de Maria Della Costa, da qual ele fazia parte.

Logo depois, Miro foi convidado por Elísio de Albuquerque para trabalhar na TV Excelsior, substituindo Leonardo Villar nas novelinhas que faziam parte do programa *Grande Vesperal Credi-Lady*. Ele foi chegando com aquela simplicidade dele e começamos a namorar depois de um problema que ele teve em relação ao cachê. Chamei para um café no bar em frente ao estúdio e solucionamos o problema. Como eu ainda andava aborrecida com negócio de namoro, logo fui avisando que meu desejo era casar e queria que nosso namoro fosse discreto.

Ele concordou, tanto que quando trabalhávamos juntos, tínhamos uns códigos secretos e discretos de piscar os olhos, fazer boca de peixinho, a significar um abraço ou um beijinho. No ambiente de trabalho era trabalho. Entre namoro, noivado e casamento foram seis meses. Foi amor à primeira vista. Miro era a outra metade da minha laranja, foi meu amor mais querido. Ele estava com 30 anos e eu com 32.

Nós nos casamos no dia 9 de setembro de 1961 – o civil foi em casa e o religioso na Igreja da Consolação, lotada de admiradores e convidados nossos. Bibi Ferreira foi nossa madrinha de casamento, com o Carlos Vasconcellos, com quem estava casada na época. Nossa lua-de-mel foi na Europa – embarcamos dois dias depois do casamento, exatamente no dia 11, a convite da companhia de André Villon e Cilo Costa – Companhia Brasileira de Comédia – para uma temporada de quase seis meses em Portugal. Fizemos apresentações em Lisboa por três meses e depois no Porto, Coimbra, Ilha da Madeira e todas as províncias, incluindo Angola e Moçambique, que acabamos tirando da programação quando houve a guerra com Goa. Eles procuravam um casal de artistas que pudesse se integrar à companhia e Bibi Ferreira nos indicou. Ela era muito amiga minha e o Miro tinha sido dirigido pela Bibi em Portugal em uma temporada anterior, um ou dois anos antes de nos casarmos.

O engraçado é que antes do convite para Portugal, eu tinha sido convidada para fazer uma turnê pelo Brasil todo, como apresentadora, com Dick Farney. Como ele queria um casal, chamamos Miro também, já pensávamos em casar antes de começar a excursão. Foi quando recebi um telefonema da Bibi Ferreira dizendo: *Que tal vocês fazerem uma viagem de núpcias a Portugal?* Felizmente, ainda não tínhamos mandado fazer os convites do casamento e, com essa proposta, antecipamos o casamento de 23 de setembro para o dia 9. A estréia da companhia em Lisboa já estava agendada e fizemos tudo corrido. Como meu contrato com o programa vespertino da TV Excelsior já estava expirando e Dick Farney entendeu bem as nossas justificativas, casaram-se todos os interesses.

A ficha de que estávamos casados só caiu em Lisboa, porque corremos tanto que nem dava tempo para pensar que já éramos marido e mulher. Nossos temperamentos, meu e do Miro, eram um pouco diferentes, mas nossas idéias eram comuns. Tínhamos muita sintonia. Ele era muito caseiro e muito respeitador comigo. Não olhava para mais ninguém, levava muito a sério nossa relação. A segurança que tive com ele, não tinha tido nunca com ninguém mais.

Os jornais anunciaram nossa chegada a Portugal com destaque e aproveitamos os intervalos da temporada para conhecer melhor o país e, em especial, a terra dos meus pais. Estreamos em Lisboa em 15 de setembro, com a peça *Divorciados*, de Eurico Silva, no Teatro Variedades, com figurinos e cenários emprestados porque nossa bagagem, que seguiria de navio, ficou no porto do Rio, fechado por conta da renúncia do presidente Jânio Quadros. A platéia portuguesa se assustou um pouco com essa peça de estréia, que a crítica dizia que era pífia; na certa esperavam algum espetáculo mais revolucionário, do tipo *Gimba*.

Nós nos apresentamos também com *Jogo de Damas*, *Conheça o Seu Homem*, *A Falecida*, *Mirandolina*, *Do Tamanho de um Defunto*, *Moral em Concordata* e *Society em Baby-Doll*, com um porém: nossos ensaios foram feitos todos no Rio, antes do embarque. Foi uma experiência maravilhosa essa de unir a lua-de-mel ao trabalho, até porque os portugueses adoram os brasileiros e lotavam nossos espetáculos. Quantas flores nós recebíamos. Após uma apresentação, uma pessoa aproximou-se de mim e disse: *Gostamos do sotaque de vocês porque parece que vocês têm mel na boca.* Em 20 dias de temporada, revimos alguns amigos que Miro tinha feito quando esteve lá com Maria Della Costa, fizemos outros novos, estreitamos as relações com nossos colegas do elenco. O André Villon era casado com Elza Gomes, que era portuguesa, e na companhia estavam também Wanda Lacerda, Francisco Dantas e Marília Pêra começando a carreira com o filho pequeno, o Ricardo Graça Melo, muito paparicado por toda a equipe quando ficava no camarim. Fomos ver um show fantástico de Amália Rodrigues e estivemos com Raul Solnado. Percorremos 3 mil quilômetros nos apresentando em teatros bons e bonitos, em outros mais improvisados, mas sempre com casas lotadas. Fomos a primeira companhia de teatro de porte a se exibir na Ilha da Madeira, fizemos um sucesso estrondoso lá, me encantei com a simpatia dos portugueses pelos brasileiros, me sentia como se estivesse em minha própria terra.

Quando tive uma folga de três dias entre um espetáculo e outro, fui conhecer a terra dos meus pais, no Distrito de Nelas, e o que mais me emocionou foi ver, da janela do trem, as cidades em que meus pais tinham vivido. Eu não conseguia controlar as lágrimas. Tinha conhecido uns primos na Argentina que estavam de volta a Portugal e me hospedei na casa de uma sobrinha da minha mãe, mas o restante da família eu não sabia quem eram. Meus pais, quando casados, nunca tinham voltado a Portugal, só minha mãe quando tinha ficado viúva do primeiro casamento. Fui conhecer a casa onde minha mãe tinha nascido, era muita emoção, e como os portugueses são muito emotivos, chorava eu e choravam eles. Quando andávamos pelas ruas da aldeia, fui percebendo que muitas casas e lojas estavam fechadas. Quando perguntei a razão, eles me responderam: *E você acha que com a visita da menina nós íamos trabalhar? Estamos todos aqui para recebê-la...* Eu só chorava, porque as pessoas queriam se apresentar para mim: *Eu sou a Nazaré, amiga da tua mãe. E eu a Conceição...* Quando olhei para trás, uma multidão me seguia.

Depois, quando a companhia voltou ao Brasil, nós ficamos na Europa e estendemos a viagem para outros seis países, foi fantástico, um

Áustria, 1962

verdadeiro sonho, um deslumbramento sem fim. Como o Miro sempre teve espírito empreendedor e era muito organizado, programou nosso passeio. Percorremos Espanha, França, Suíça, Alemanha, Áustria, Itália e Principado de Mônaco, o que foi bom, porque nunca mais voltamos à Europa. Nessa época, o Ruggero Jacobbi era o diretor do Piccolo Teatro de Milão e, quando fomos visitá-lo, assistimos a uma peça de Brecht que estava em cartaz. Na Suíça, na passagem pelos Alpes, com aquela paisagem belíssima, estourou o câmbio do nosso ônibus e enquanto esperávamos pelo conserto, pegamos mais de 20 graus abaixo de zero. Já era madrugada, nós todos morrendo de fome até que paramos em um restaurante fechado e batemos, batemos até que nos receberam com uma refeição improvisada com alimentos quentes.

Altamiro Martins era de Franca, filho de um comerciante e de uma dona-de-casa, e tinha dois irmãos, Laura e Alceu. Laura era casada com Heitor e tiveram os filhos Silvio e Zeíla. Alceu, casado com Diva, era pai de Ademir e Altair. Apenas um tio de Miro era ligado à carreira artística, Plácido Soave, que quando escreveu e dirigiu o primeiro filme falado em Campinas – *Os Falsários* – chamou o sobrinho para ser galã. Plácido Soave hoje é nome de rua naquela cidade.

Miro mudou para São Paulo com a família, aos 12 anos. Trabalhou em lugares diversos, mas tinha gostado da experiência de ser ator, tanto que quando era funcionário da empresa Nadir Figueiredo, chegou a participar de um grupo de teatro amador e ganhou prêmio ao protagonizar uma peça norte-americana, *Tragédia em New York*, de Maxwell Anderson. Ganhou outros prêmios também. Não chegou a estudar teatro porque, na época, esses cursos não existiam, e ele foi, como eu, aprendendo nos palcos e com diretores. Trabalhou também em rádio, cinema teatro e televisão.

Estreou como ator profissional no Teatro de Arena, na peça *Juno e o Pavão*, trabalhou no TBC e fez cinema. Trabalhou na Multifilmes S/A, do Mário Audrá, como ator no filme *Fatalidade*, que é de 53, dirigido pelo Mário Civelli, e também como montador – lidava muito bem com isso graças à habilidade manual que tinha, era um grande montador de filmes, fazia uma montagem muito sutil, sabia exatamente onde devia fazer os cortes. Também era editor, fazia dublagens, participou de mais de 300 comerciais e institucionais e escreveu dois textos de teatro: *Intriga Internacional* e *Quarto 2.156*. Em cinema, trabalhou ainda em *Jeca e o Bode*, *São Paulo S/A* e *Nina*. Fez novelas nas TVs Tupi, Excelsior,

Record, e, na Globo, atuou em *O Rei do Gado*, *Esperança* e *Perigosas Peruas*. Era um profissional responsável, um ator muito respeitado, os diretores gostavam muito do seu trabalho, tinha uma bela carreira. Trabalhou algum tempo ao lado de Ronald Golias e de Moacyr Franco no seriado *Meu Cunhado*; eles morriam de rir contracenando com o Miro que tinha umas tiradas boas, era bom ator.

Queríamos, Miro e eu, ter trabalhado mais juntos, mas era difícil porque dividíamos muitas tarefas e, não raro, enquanto um trabalhava no Rio, o outro ficava em São Paulo. Mesmo assim, trabalhamos juntos também na peça *Homens de Papel*, do Plínio Marcos, já no Brasil.

Quando voltamos ao Brasil da temporada em Portugal, montamos apartamento no Rio. Miro foi trabalhar no Teatro Nacional de Comédia, na peça *O Pagador de Promessas*, do Dias Gomes, e eu fui fazendo outras coisas.

Fiquei grávida do meu primeiro filho, Silnei – que tem o nome em homenagem ao Silnei Siqueira, muito amigo nosso – um ano depois do nosso casamento, quando fazia o programa do Vicente Sesso, na TV Tupi, em São Paulo, todas as semanas. Quando eu estava com cinco meses de gravidez do Silnei, reduzi meu ritmo de trabalho até mesmo por falta de boas oportunidades. Enjoei até o sexto mês de gravidez e Silnei nasceu prematuro, no oitavo mês, de um parto difícil. Depois que ele nasceu – Silnei é carioca, nasceu na Beneficência Portuguesa, em 28 de novembro de 1962 – voltamos para São Paulo e eu vivi uma vida dupla, de atriz e de mãe, embora contasse com uma retaguarda muito grande. Fui então fazer dublagens, as pessoas gostavam, achavam que eu tinha sincronia, era interessante, mas não é um trabalho de criação. Além disso, era uma selva. Quando a gente está no auge, as pessoas não se manifestam, mas quando a gente quer entrar em alguma seara que não seja a nossa, original, é difícil. Na própria TV Globo, observei isso nas três ou quatro vezes em que estive lá, mais recentemente – quem está não quer que os outros entrem. O único que demonstrou um carinho especial foi Tony Ramos.

Tive meus dois filhos com oito anos de diferença entre um e outro. Sílnia, que leva o nome da filha de uma amiga radioatriz da Rádio São Paulo, um nome que eu adorava, nasceu em 3 de novembro de 1970, na Beneficência Portuguesa de São Paulo. Era enorme. Silnei, em criança, era muito parecido com o Miro e Sílnia, quando jovenzinha, tinha traços muito parecidos com os meus. Os dois entendiam muito bem o ambiente de teatro.

Pensei que por meus filhos serem de sexos diferentes brigariam menos, mas não foi isso o que aconteceu. O Silnei provocava a Sílnia; ela reagia de forma violenta, se amavam profundamente, mas eu não sabia por que se provocavam tanto. Ele não queria que tivessem quartos separados, queria que ela, pequenininha, dormisse ali, perto dele. Foi só com muita conversa, e com muita má vontade dele, diga-se, que conseguimos montar um quarto para cada um. Ou seja, quando ele entrou no ginásio e ela no primário.

Quando Sílnia tinha uns 2 anos, fiz uma peça para a TV Gazeta, era uma adaptação de *Arsênico e Alfazema*, rodamos lá na Cantareira, muito longe, eu fazia uma das duas velhas que envenenava os velhinhos – a outra era a Analy Álvares. Levei minha filha porque era um espaço aberto, ela podia ficar brincando, mas acontece que as gravações foram se prolongando, então, deitei Sílnia num canto. Numa cena em que eu começava a gritar ao ser presa, ela acordou assustada, querendo saber o que estavam fazendo com a mãe dela, por que a polícia estava me levando.

Minha filha foi modelo por algum tempo. Era alta, tinha um porte bonito, fez curso de modelo, viajou muito. Formou-se em História na USP e trabalha como editora, é uma excelente profissional. Silnei trabalha com importação de bebidas, formou-se em Engenharia de Alimentos na Unicamp. Gosta muito de música, já escreveu alguns bons textos quando estava ainda no colegial. Lembro de uma entrevista que ele deu para um jornal, uma ocasião, contando que gostava de inventar histórias deste e de outros planetas, com discos voadores, e que apresentava peças com os amiguinhos em casa – ele escrevia o texto e dirigia e os outros interpretavam. Ganhou, no Clube Paineiras, um concurso de literatura usando um pseudônimo. Um dos jurados, ao identificar o trabalho, mostrou-se surpreso por ele ser nosso filho. Silnei é um excelente fotógrafo; aliás, é ele sempre quem me fotografa para publicidade de alguns trabalhos. Os dois moram com suas respectivas famílias em Campinas e torcem para que eu vá morar perto deles.

Tenho na cabeça sempre uma coisa que meu pai me dizia quando via um pobre de idade na rua: *O que é que esse cara fez na sua juventude?* Ele era muito realista, tinha os pés no chão e seguia uma máxima de não fazer dívidas, tanto que conseguiu fazer seu pecúlio. O Miro também era assim, planejava tudo. Quando resolvemos ir aos Estados Unidos com nossos filhos, saímos daqui com toda a viagem paga e escolhemos a época exata, para que eles se lembrassem do que iam ver – Silnei tinha 16 anos e a Sílnia 8. Fomos à Disney, na Flórida, chegamos quase perto do Canadá.

Com Miro foram 44 anos de casamento, dois filhos, Silnei e Sílnia, e dois netos, Eduardo e Luisa, além de Guilherme, filho do primeiro casamento da minha nora Mônica, que é fonoaudióloga. Alexandre, meu genro, é cirurgião-dentista. Miro faleceu em 2 de novembro de 2005.

Vivi bem minha carreira, meu sucesso, vivi bem meu casamento, meu marido, meus filhos, aproveitei muito bem a minha vida, graças a Deus. Sempre fui cercada de muito carinho, não só pelos filhos e pela família, mas também pelos amigos e pelos fãs. Vivi uma vida muito saudável.

Em família, com Miro, Sílnia e Silnei

Beleza e Simpatia

Capítulo X

Incentivo aos Jovens no Teatro Amador

O seu hoje é a hora de determinar o seu amanhã

A vocação está intimamente ligada ao talento. Talento todo mundo tem, mas pode-se aprimorar. Um menino quando brinca de carrinho, em criança, está fazendo teatro e esse talento é nato. A vocação tem que estar dentro de você, ela é que vai fazer você se entregar e se integrar a um trabalho, ela é que vai fazer com que você construa esse talento. Ser ator não é uma brincadeira, não é só decorar texto não, exige uma série de preparações, de cuidados com o corpo. O trabalho de ator, a gente só faz perfeito quando se dedica a ele.

Sempre trabalhei com jovens, dei muitas aulas a atores amadores. Comecei meu trabalho de direção na Sociedade de Cultura Artística de Santo André; o grupo de alunos era muito bom, fiquei dando aulas por quase um ano, gostei muito, pretendia transmitir tudo que tinha aprendido durante meus anos de vida artística. Uma das minhas alunas foi Sônia Guedes, que começou comigo na peça *Esta Noite é Nossa* e depois se profissionalizou. Larguei o grupo quando ficou muito cansativo realizar os ensaios em Santo André.

Sou da teoria de que sem estudo nada se faz. Temos que incentivar nos jovens o gosto pela teoria teatral, pela pesquisa, para podermos formar bons intérpretes. O que aprendi, ensinei. Foi por esse motivo também que uma das minhas maiores satisfações, quando as oportunidades de trabalho diminuíram – na verdade, se eu insistisse até que encontraria – foi dirigir o Grupo de Teatro do Clube Paineiras do Morumbi.

Entramos no clube como sócios em 1977 e logo fomos convidados a colaborar com o grupo de teatro pelo Zaé Júnior, diretor cultural. Miro ficou como diretor adjunto do departamento cultural para selecionar filmes a serem apresentados – ele era cinéfilo, gostava e conhecia muito de cinema – e eu fiquei como diretora do teatro. Dava aulas de teatro, formei turmas e procurei montar e dirigir para os amadores todas as peças que tinha vontade de representar. Ganhamos todos os prêmios em todos os festivais de teatro amador dos quais participamos e que começavam a surgir. Quando sabiam que eu é que tinha dirigido o grupo do clube, os outros concorrentes diziam: *Se foi a Vera que dirigiu, nós não temos chances.* Ficamos lá durante oito anos, de 1977 a 1985, e nessa época procurei fazer, como terapia, todos os cursos que eram ministrados no clube: bombons, cozinha com microondas, artesanato e na minha fase de artista plástica, pintura em todas as técnicas – dois dos meus quadros estão aqui na minha sala: um estudo que mostra o sol e alguns camelos e um outro em que pintei uma jangada saindo para pescar, o dia amanhecendo.

Lidar com atores profissionais é uma coisa e lidar com atores amadores, é bem diferente porque eles não tiveram escola, então, eu dava aulas seguidas de interpretação para eles, fazíamos leituras de mesa, que foi a minha escola, pesquisávamos a composição dos personagens, trabalhávamos com voz, exercícios de respiração, expressão corporal. O processo de montagem de cada peça levava cerca de três meses entre leituras, aulas, exercícios para que entrassem nos personagens, análise de textos, explicações sobre as cenas, etc. E tinha também certas regras que a gente não pode deixar de seguir, como as marcações dos atores, postura do ator em cena, as viradas, como ele deve se posicionar para que seja visto por todos, já vi muito ator dando a volta errada no palco italiano – no teatro de arena, a forma de representar é outra – mas como fui ensinada corretamente, transmitia para meus alunos os ensinamentos dessa mesma forma. O que vejo hoje é que o jovem vai mais ao teatro e que existe uma diferença de reação entre o espectador jovem e o adulto. Se para um espectador mais adulto um detalhe não significa nada, para o jovem significa. O jovem interage mais, faz gracinhas, o diretor tem que ter pulso firme para segurar o grupo. O importante é que quem escreve não deve dirigir, o autor deve deixar que o diretor quebre a cabeça para montar uma cena da forma que ele achar melhor.

Numa peça que montamos – *Oito Mulheres* – as oito associadas interpretavam as mulheres cada uma com uma personalidade diferente, nenhuma se mexia ou se comportava como a outra. Conseguimos essa diferenciação. Do nosso grupo fazia parte uma senhorinha que nunca tinha feito teatro, a vida dela era dedicada à casa e à família. Como os nossos ensaios aconteciam no final da tarde e chegavam até dez e meia, mais ou menos, ela ficava preocupada porque tinha que dar comida para os filhos, etc. Com o tempo, foi se desligando dessa rotina, se libertando dessa prisão e se envolvendo mais e mais com o personagem, até que o marido resolveu proibi-la de continuar no grupo. Ela chorava tanto, mas tanto, porque tinha se encontrado na vida, fazia muito bem o personagem, ficamos todos arrasados porque a estréia estava próxima. Enfim, ela conseguiu do marido autorização para fazer a apresentação da peça e foi aplaudida em cena aberta durante os 11 dias da temporada. Todas as intérpretes de *Oito Mulheres* concorreram a prêmios e duas delas foram escolhidas melhor atriz e melhor coadjuvante do Festival de Teatro Amador Interclubes. Importante ressaltar que não contávamos com qualquer recurso para nossas montagens iniciais. Felizmente, esse quadro foi-se alterando e, aos poucos, fomos conseguindo iluminação, camarins, expansão do palco, etc.

Oito Mulheres, de autoria de Robert Thomas, se passava numa casa de inverno nos Alpes Suíços onde acontece um assassinato. Eu tinha estudado muito o texto porque não sabia que tom iria dar a ele, e quando terminou a temporada de 11 dias, o Miro sugeriu que eu fizesse uma versão masculina da peça, já que tinha muitos sócios querendo fazer teatro também. Topei a sugestão e fizemos *Oito Homens,* mas havia um único problema: em uma cena, uma das jovens vai dizer aos pais que estava grávida. Então, tive a idéia de fazer um deles confessar ao irmão que é homossexual, obedecendo exatamente à mesma marcação. Deu certo, era uma cena linda, emocionante. Apresentávamos as duas peças alternadamente nos fins de semana para uma platéia lotada.

Eu exigia dos atores o que tinham exigido de mim. No caso dos homens, alguns achavam que era só decorar o texto e pronto. Então, tive que mostrar a criação dos personagens, exigir que chegassem aos ensaios já com os figurinos prontos. Não há mistérios nos personagens quando recebemos orientação do diretor e conseguimos informações mais completas sobre como o autor quis desenvolver aquele personagem. Trata-se de um processo de decantação e catarse para a síntese dos tipos, temos que dissecar o personagem em tudo que ele pode trazer à tona e então mergulhar nele. Sempre usei esse método, os grandes diretores que eu tive me ensinaram assim. Eu era uma diretora dura, severa, não admitia brincadeiras, não faltava, mas compreendia quando uma pessoa estava com mais dificuldades. Nesses casos, chamava essa pessoa, procurava saber qual o problema que ela tinha e fazia com que ela colocasse esse problema para fora e trabalhá-lo.

Por força do que eu fazia no Clube Paineiras, fui convidada por Abrão Berman, que mexia com Super 8 – era muito boa pessoa – e que estava como coordenador de eventos do Hotel Village Eldorado, em Atibaia, para dar cursos de Introdução à Representação para os hóspedes, com aulas sobre uso adequado da voz, expressão corporal, dicção, fôlego, memória, desinibição, estudo e formação do personagem. Os cursos tinham duração de cinco dias, reuniam de 12 a

15 pessoas e culminavam com a apresentação de algumas cenas. No início, achei o prazo muito curto, ainda mais com gente que não tinha a mínima experiência de interpretação, mas logo percebemos que tinha gente que se hospedava ali seguidamente para dar continuidade ao curso. Começávamos com uma palestra, trabalhávamos com os interessados e, ao final, fazíamos uma apresentação. Foi um sucesso.

Em um dos exercícios de teatro que eu dava, os alunos tinham que representar um bicho qualquer, mas sem usar quatro patas. Um fazia uma girafa, outro um elefante e a minha grande surpresa, a mais emocionante, foi a performance de uma senhora japonesa de muita idade, que mal falava português e que estava no hotel com toda a família. O marido era muito falante e ela, ao lado, sempre quietinha, num processo muito grande de depressão por ter atropelado uma criança que viera a falecer muito tempo depois do acidente. Aos poucos, ela foi se interessando pelo meu trabalho e a nora disse que eu tinha conseguido um milagre ao fazê-la interpretar um gatinho miando. O marido me agradeceu chorando porque ela, naquele momento, tinha conseguido colocar outra coisa na cabeça que não aquela tragédia. Eu me emocionei muito ao perceber que tinha podido ajudá-la. Foi uma experiência gratificante e que marcou a minha vida. Ali, percebi que estava no caminho certo.

Trabalhamos dessa forma três temporadas nas férias de janeiro, fevereiro e junho e como éramos remunerados com um apartamento para toda a família, foram férias excelentes. Enquanto eu ficava com as minhas aulas, as crianças ficavam se divertindo com o Miro e aproveitaram muito bem.

Eu sempre quis dirigir, essa área me faz muito bem, tanto que minha filha me diz que até hoje não sabe onde sou melhor, se na representação ou na direção, porque, segundo ela, eu faço milagres com as pessoas. Eu assistia à montagem de luz dos meus espetáculos, observava muito o trabalho dos diretores, já estava me preparando, tive experiências muito interessantes para construir a minha carreira. Um dos diretores que mais me chamou a atenção pela forma de trabalhar foi Sérgio Cardoso. Outro, Silveira Sampaio, que me cobrava voz de útero, depois é que fui entender que era a sensualidade do personagem que ele pretendia. Enquanto os personagens não saíam como eles queriam, eles não largavam do pé dos atores.

Embora eu não tivesse feito arte dramática, eu queria entender a fundo, então, fui aprender dramaturgia para ver como é que se constrói um personagem – os personagens que interpretei na minha carreira são todos diferentes, não têm nada a ver um com o outro. Enquanto não encontrava o tom do meu personagem, enquanto ele não saía, continuava estudando, não raro, de madrugada, dizendo o texto de várias maneiras, experimentando inflexões. Ia, voltava e aí escolhia uma determinada inflexão para trabalhar em cima. Chegava a sonhar com meus personagens. De vez em quando, um personagem insistia em não me largar, então, eu brincava: *Ei, não é hora de se apresentar...* Isso era normal porque a gente acaba ficando com alguns trejeitos.

Eu adotava essa mecânica de trabalho não só em teatro, mas também em televisão, embora no teatro a gente esteja com o texto inteiro, o que não acontece com a televisão, que tem que se guiar pelo que agrada o público ou não. Ou seja, na televisão, a gente tem que construir o personagem aos poucos, de acordo com o que o autor ou o diretor vão nos transmitindo.

Exatamente porque gostava de trabalhar com jovens é que fui convidada a dar aulas de teatro na escola de Ewerton de Castro, preparando os alunos para o espetáculo de encerramento do curso. Fiquei por lá durante seis meses. Dei aulas também no Colégio William Shakespeare, a convite de Emílio Fontana. Montamos, em farsa, as principais cenas de *Romeu e Julieta* – eles não queriam tragédia. Imagina ter que tirar gargalhadas da cena da morte da Julieta, como é que pode, mas como eu tirava de letra o que me dessem para fazer, a jovenzinha fez muito bem a personagem.... Outra cena que ficou boa foi a do balcão, era muito engraçada, a turma ria à beça.

Lecionar é muito gostoso, tanto que fui diretora cênica da Sociedade de Cultura Artística de Santo André – SCASA, por um ano. Por um período maior, um ano e meio, dirigi o Grupo Joseense, de São José dos Campos, era muito gratificante. Montamos várias peças, gostei muito da experiência e acho que eles também. Depois me convidaram para voltar, mas era um pouco sacrificante, tinha que deixar o Miro sozinho, uma vez fiquei lá por uma semana.

Uma coisa para a qual me convidavam com uma certa freqüência era para avaliar peças que concorriam a festivais de teatro amador no Estado de São Paulo – fiz isso de 1998 a 2004. Normalmente, nesses casos atuam três jurados que fazem suas anotações, trocam idéias entre si como será feita a abordagem e depois questionam os grupos sobre seus currículos, componentes – no teatro amador é normal o rodízio de atores – objetivos, peças já montadas, prêmios, enfim. O chato é que, não raro, os jurados que atuavam comigo acabavam querendo falar primeiro e expunham exatamente os meus argumentos, esvaziavam o meu *script*. A gente tem que adquirir experiência também nessas ocasiões, não entregando muito o ouro...

Gosto muito de teatro amador, muitos talentos são revelados nesses grupos – Miro saiu do teatro amador. Tem gente que acaba sobressaindo, vi trabalhos muito bons. Existem grupos fantásticos de teatro amador por aí, principalmente no interior, gente fazendo coisa muito boa. Talento não se dá a ninguém, mas se burila e essa é a função do diretor em relação ao intérprete, principalmente no teatro amador. Só que o fundamento do teatro amador é a pesquisa e eles têm tempo e dinheiro para isso, não é chegar lá e fazer um besteirol qualquer. Esses jovens não têm que fazer cursos especiais porque aí não seriam mais amadores, mas têm que ter domínio de corpo, de voz. No que a gente percebe mais falhas é na projeção da voz, que é o grande problema do amador por falta de tempo ou de conhecimento da importância da voz no trabalho do ator.

Durante algum tempo dei aulas particulares de interpretação aqui em casa para a prova do Sindicato dos Atores, para que os novatos que não tinham cursado a Escola de Arte Dramática pudessem ter registro de atores no Departamento Regional do Trabalho (DRT). Eles tinham que atuar em uma comédia e um drama, cada um vinha com seu texto e eu ajudava a desenvolver, dava orientações. Tive uns cinco ou seis alunos, um desses alunos ganhou um dinheirão com comerciais e ficou muito agradecido. A única que teve problemas e não passou nos testes foi uma aluna que, aos 40 e poucos anos, queria fazer a Julieta. Eu tentei explicar que ela não tinha a leveza da Julieta, mas ela insistiu, acabou repetindo esse mesmo papel no teste e foi reprovada duas vezes.

Capítulo XI

Uma Vida Sempre em Movimento

Cabeça vazia é morada do demônio

Ainda sinto a presença do Miro na minha vida, mas já não sinto vazio dentro de mim. De uns tempos pra cá, o meu interior tem se modificado porque não me sinto mais só, como se houvesse apenas uma parede na minha frente.

Gostaria de continuar trabalhando, ainda tenho gás, tenho muita coisa para mostrar, mas não preciso ficar mendigando. Sei que os convites são mais raros para fazer teatro, televisão e cinema porque quem conhece o meu trabalho já não está mais na ativa ou não tem mais tanta força para contratar atores.

Até hoje sou convidada para alguns curtas-metragens, que faço com prazer, acho que rodei uns cinco ou seis até agora. Gosto porque o trabalho é rápido, têm uma seqüência natural, me sinto muito à vontade. Quando a equipe é jovem, então, adoro, eles são ótimos, riem quando a gente faz alguma coisa engraçada, aplaudem, incentivam.

Com meu marido, rodei *Tal Pai Tal Filho*, de Caio Zerbini, em 2004, direção de Rodrigo Feldman, que foi meu aluno no William Shakespeare – a equipe toda era da FAAP – Faculdade Armando Álvares Penteado. São três personagens falando de duas pessoas, um casal e o filho, um texto complexo, muito interessante, que participou de festivais e foi bem recebido. Um outro curta, mas do qual eu participava pouco, foi *O Profeta*, sobre um velho que dizia instruir o Zagalo, dizia que era ele quem tinha ganhado a Copa do Mundo. Eu fazia a mulher do profeta, uma dona-de-casa, o filme era muito engraçado.

Um outro curta que fiz, em 2005, hilário, foi com alunos de cinema da Faculdade Metodista de São Bernardo. Era um pessoal ótimo, dedicado, detalhista. Sem dinheiro, é claro, mas era uma equipe imensa porque juntava a turma toda no trabalho conjunto. É sobre uma mulher que sente falta de um relógio, quando está em um ônibus, e acaba roubando o relógio do rapaz que está ao lado dela, achando que ele é que é o assaltante. O filme participou de alguns festivais, foi premiado, recebi menção honrosa de interpretação.

Um dos meus mais recentes curtas, isso em junho de 2007, foi *Autofagia*, do Mário Vaz Filho, que vem a ser casado com a Lígia de Paula, presidente do Sindicato dos Artistas, trabalhamos juntas lá. Ele é um diretor talentoso, muito competente em cinema, eu já havia assistido a uma peça dele.

Quando ele me mandou o roteiro pra ler, gostei muito, mas logo disse: *Mas é tétrico, hein? Não sei se vou conseguir fazer isso.* Porque, realmente, eu não tinha levantado a hipótese do que o filme ia exigir de mim.

O curta é sobre um casal de velhos que faz um pacto de morte, um filme muito pesado, é um alerta ao abandono da velhice – meu parceiro é o Cuberos Neto. A equipe veio escolher meu figurino aqui em casa, selecionaram algumas fotos também que aparecem em um álbum.

Durante as filmagens, eu ficava concentrada num canto, já que tinha que ter uma certa unidade de representação para sair tudo bem. Filmamos durante três noites em uma casa de três andares no Pacaembu, que aparecia no filme velha e decadente, a mostrar como aquele casal levava o final de seus dias. Além de cenas perigosas, nas quais eu tinha que lidar com uma faca enorme e fogo, minhas pernas tremiam nessas cenas, eu ainda tinha uma seqüência enorme, sem cortes, porque devia subir e descer aquelas escadas e ensaiamos isso várias vezes. Quase não usamos refletores e para rodar uma cena de um ou dois minutos, iluminada por velas, esperamos duas horas para que as luzes ficassem perfeitas. O diretor de fotografia, Tony De Fiambro, era uma criatura sensacional, nada escapava dele, era muito detalhista, tudo que havia no meu rosto ele pegava em plano próximo e ia me acompanhando, ou quando eu vinha vindo me pegava em close, não perdia nada. Como o filme é cruel, eu também apareço de forma cruel, trabalhei de cara lavada, sem qualquer maquiagem. Foi trabalho duro e isso mostra que cinema é paciência.

Para a cena final, em que ela se mata, o diretor não queria nada dramático, nenhum choro, nada, eu devia estar consciente do que estava fazendo. Na noite em que gravei essa cena, a sala ficou cheia, a equipe toda veio ver meu trabalho, me aplaudiram e me emocionei. Mas quando cheguei em casa, não consegui dormir, foi muito dramático. Na montagem, eles decidiram suprimir essa cena, a da minha morte. No começo fiquei chocada com esse corte, mas eles tinham razão, ia pesar demais no filme.

O filme não tinha texto, nada estava escrito, não havia roteiro, apenas uma sinopse do que acontecia. Tudo era só ação, e tudo feito num *take* só, às vezes o diretor fazia planos, pegava detalhes; aliás, o filme é muito feito de detalhes. A cena começava na cozinha, depois eu subia as escadas com um prato de sopa, abria a porta do quarto onde estava o marido, descia de novo, fazia outras coisas e por aí vai, não saía de cena. Como eu tinha que decorar todos os meus gestos e a seqüência inteira, não podia errar, não havia nenhuma fala. Ao mesmo tempo, eu tinha que trabalhar meu interior, pensar na interpretação, meu gestual devia demonstrar o que estava na minha cabeça. O papel exigiu de mim uma interiorização muito ligada a um passado recente meu, da morte do Miro, foi duro, isso me tocou muito porque eu não podia demonstrar sofrimento. É um filme de apenas 15 minutos, mas o que demonstra de sofrimento desses dois velhos!...

Eu não diria que é meu canto do cisne, meu último filme, mas tenho prazer em dizer que foi um grande trabalho meu, me emocionei assistindo ao filme, esse papel entrou fundo na minha alma. Dizem que minha atuação é para ganhar prêmio, vamos aguardar. O curta foi apresentado para alguns convidados e deve participar de festivais.

Tenho medo da morte, não sei quando ela virá, mas gostaria que Deus me deixasse por aqui mais um tempo para eu poder fazer mais alguma coisa. Se não fui recentemente, quando tive um problema sério de saúde e tive que implantar um marca-passo, é porque ainda devo ter alguma tarefa para cumprir determinada por Deus.

Nos dias de hoje, sou uma estudiosa, gosto de estudar. E como sempre gostei muito de mexer com o corpo, e faço ioga desde 1964, resolvi transmitir esses ensinamentos para pessoas da terceira idade. Desde 2003, dou aulas uma vez por semana, atendo alunos de até 83 anos, mais velhos do que a professora, no salão paroquial da Igreja do Bom Jesus dos Passos, em Pinheiros – o pároco Vitor também faz aulas. Resolvi fazer isso quando via as dificuldades dessas senhoras na hora de ir comungar. Sinto que minha missão é essa, ajudar as pessoas. E essas aulas me gratificam muito, tenho conseguido excelentes resultados com pessoas que mal podiam se mexer.

Como conheço bem os ensinamentos e as vantagens da ioga, uso seus princípios – mente e corpo – também na preparação corporal de atores, preparo inicialmente o corpo dos atores com a ioga. Porque, na interpretação, a gente imagina e a mente implanta no corpo aquilo que ele precisa fazer, o corpo obedece a esse comando, não há nada mais forte para controle do corpo do que a mente. Depois entra o sentimento por meio do coração e surge a fala.

Comecei a praticar ioga por influência do Miro, que conhecia bem o método, e também porque queria ter mais resistência física e mental. Eu tinha muitas câimbras e dormência nas pernas e a insegurança me deprimia. Tudo isso desapareceu com a ioga. A ioga me recuperou músculos e nervos, aclarou as minhas idéias, me deu estabilidade emocional e também uma nova visão do mundo. Permitiu-me até mesmo suportar as várias horas de gravações de novelas, decorar os textos com mais facilidade e representar cenas especialmente difíceis. A ioga na minha vida foi uma bênção.

Com os netos Eduardo e Luisa

A Bonequinha do Cinema

Capítulo XII

O Sucesso do Ponto de Vista da Crítica

Noites de Copacabana – Vera Nunes, em seu *debut* cinematográfico, desconhecido para o público, pois o citado celulóide até hoje não foi estreado, surge com muita simpatia e sambando com invulgar personalidade. ***Adolfo Cruz, A Notícia, 17.11.48.***

A primeira impressão que Vera Nunes nos causa é de uma incorrigível candura: seu bonito rosto, seus cabelos anelados e alourados, lembrando mais a menina do que a mulher, e depois o modo porque nos fala, respiram inocência. ***Jornal do Brasil, 06.01.49.***

Podemos afirmar que o cinema brasileiro conta atualmente com uma estrela cem por cento. Uma estrela que alia à sua extraordinária simpatia e beleza, uma invejável cultura, além de um raro talento interpretativo. Tudo isso, entretanto, se perderia, pois belezas há muitas, e algumas belezas cultas e simpáticas também, se Vera Nunes não associasse a tudo isso uma enorme personalidade. ***Vanguarda, 23.06.49.***

Pinguinho de Gente – Vera Nunes, a mulher inspiradora da paixão de dois homens e mãe da menina, tem momentos de grande arte, tem realmente progredido na representação e o trabalho que ora apresenta é bem melhor que os anteriores. **Moniz Viana, Jornal do Brasil, 13.07.49.**

Como os Maridos Enganam – Vera Nunes impressionou bem... O teatro ganhou mais uma atriz que pelo encanto de sua figura e graça natural muito pode ascender. Não parecia que estreava. Conduziu-se com segurança deveras sedutora no último ato. **Mário Nunes, Jornal do Brasil, 02.10.49.**

Como os Maridos Enganam – Satisfatória também a colaboração de Vera Nunes na secretária Fernanda. **Diário de Notícias, 02.10.49.**

Vera Nunes é graciosa e possui uma expressão fotogênica e expressiva. **O Carioca, 11.10.49.**

Um Deus Dormiu Lá em Casa –... não podia encontrar melhor diretor nem melhores intérpretes porque Tônia Carrero, Paulo Autran, Armando Couto e Vera Nunes realizam um labor de primeira ordem. Todos souberam ser fiéis aos seus papéis. **O Jornal, 15.12.49.**

Encanto e Graça

Um Deus Dormiu Lá em Casa – Vera Nunes progride, impõe-se à atenção da platéia já não só pelo encanto pessoal, mas por sua atuação expressiva. **Mário Nunes, Jornal do Brasil, 16.12.49.**

Um Deus Dormiu Lá em Casa – A senhora Vera Nunes, em Tessala, igualmente oferece um trabalho digno de registro revelando-se ambiciosa e maliciosa. – **Correio da Manhã, 18.12.49.**

Vera Nunes é uma expressão de arte e de elegância, de cultura e de graça – **Abel Gance, diretor do cinema francês...**

Uma profissão pode ser praticamente sem gosto. Essa hipótese, todavia, com relação à arte, é inadmissível. É necessária a condição apresentada por Rolland: a arte não deve ser uma carreira, mas uma vocação. Eis o caso de Vera Nunes, um grande talento artístico que é, ao mesmo tempo, patrimônio do rádio, do cinema e do teatro brasileiro. **Rádio Spot em Revista.**

Um Deus Dormiu Lá em Casa – Quando vi os quatro em ação, tive certeza do sucesso... Silveira Sampaio moveu-os de forma registral e Carlos Thiré desenhou roupas e cenários de uma tal beleza que comoveram. Nunca imaginei que um texto meu pudesse reunir tanta coisa boa para melhorá-lo. **Guilherme Figueiredo, 1949.**

Amanhã, Se não Chover – Quanto a Vera Nunes, é bonita, anda exatamente como moça de 1913 nos seus sapatinhos de época. **Claude Vincent, A Tribuna da Imprensa, 25.03.50.**

Amanhã, Se Não Chover – Vera Nunes apegou-se valentemente a uma ponta, dando um realce, uma valorização a um papel que, embora pequeno, é um presente para qualquer atriz porque as nuances e os detalhes de que Ziembisnki se serviu para valorizá-lo fizeram com que Josette Valmore fosse uma personagem inesquecível para todos nós. **Gustavo Dória, O Globo, 1950.**

Amanhã, Se Não Chover – Vera Nunes, inteligentemente, deu à figura que vive encantadora fragilidade, delicioso encanto. **Mário Nunes, Jornal do Brasil, 25.03.50.**

Amanhã, Se Não Chover – Vera Nunes maravilhosa, de graça sutil, a princesa de conto de fadas que a peça reclamava. **O Jornal, 26.03.50.**

Amanhã, Se Não Chover – Vera Nunes, que há tempos, quando estreou ao lado do Aimée no Rival, dissemos vir no futuro ser apreciada artista de comédia, ontem, felizmente, tivemos confirmado o que prevíramos. **César Brito, Correio da Noite, 26.03.50.**

Amanhã, Se Não Chover – Vera Nunes, pela graça, espontaneidade e desenvoltura saiu-se muito bem como Josette. **Aldo Calvet, Folha Carioca, 1950.**

Helena Fechou a Porta – Vera Nunes, no pólo oposto, não é, na sua candura e meiguice, menos encantadora. Dá perfeita impressão de sinceridade de suas cenas, é ela própria e não a atriz que age, sente e se traja. **Accioly Netto, Jornal do Brasil, 18.06.50.**

Helena Fechou a Porta – Senhora Vera Nunes, muito bonita e graciosa, enfeitou as cenas em que apareceu como uma flor enfeita uma lapela. Atriz ideal para os papéis de moça sonsa e feminina, fraca por amor embora pura de sentimentos. **Moisés Duek, Correio da Manhã, 18.06.50.**

Amanhã, Se Não Chover – Vera Nunes, graciosa, discreta, sabendo dar os meios-tons, é outra colaboradora do espetáculo. **O Cruzeiro, 01.07.50**

Um Deus Dormiu Lá em Casa – Vera sabe valorizar seus papéis dele tirando o máximo. **Correio Paulista, 03.09.50.**

Amanhã, Se Não Chover – Vera Nunes, a Josette do original pongetiano, esteve simplesmente admirável pela graça e vivacidade com que marcou sua presença no palco. Encantadora e excessivamente graciosa, Vera Nunes disse o seu papel com uma naturalidade e espontaneidade como só uma atriz de largos recursos seria capaz de fazê-lo. Tudo nela é uma festa permanente de graça e beleza para os olhos do espectador, e Vera Nunes, que ainda virá a ser uma das grandes figuras da nossa ribalta, foi uma espécie de raio de sol naquele eterno dia nublado em que viviam os seus personagens anarquistas. **Mário Júlio Silva, Jornal de Notícias, 01.10.50.**

Don Juan – Embora em trabalhos anteriores Vera Nunes tenha merecido lisonjeiras referências do comentarista, forçoso é reconhecer que nesta peça ela não realiza a performance costumeira. Culpa de quem? Simplesmente do autor que não lhe ofereceu um papel com possibilidades para ela reafirmar suas qualidades de boa comediante. Por isso mesmo, Vera Nunes não pôde enriquecer o seu desempenho daquela vibração e daquele colorido tão freqüentes na sua personalidade. **Mário Júlio Silva, Jornal de Notícias, 19.11.50.**

Amanhã, Se Não Chover – O papel mais ingrato (Josette) coube a Vera Nunes que, não obstante, o defende com muita arte e se mostra uma atriz de valor. O personagem que ela interpreta é um papel difícil por ser, dentre todos os da peça, o menos humano; na verdade, um tanto convencional e coerente, uma espécie de exigência da peça a fim de completar o enredo. Uma prova de força pela qual Vera Nunes passa sem se queimar, conseguindo agradar muito. ***Jornal do Mackenzie, 1950.***

Vera Nunes, que cedo ingressou no rádio, através da Rádio Ministério da Educação, é uma admirável jovem não só pela graça física que a dotou a natureza, como ainda pelo grau cultural adquirido pelos estudos que tem feito sobre a história das artes. Sua vida tem sido quase toda dedicada à arte de representar... Portanto, o microfone como o palco e as câmeras cinematográficas têm tido o seu valioso concurso. ***Jornal das Moças, 1951.***

Presença de Anita – Quanto à interpretação, merece referência especial Vera Nunes, cuja espontaneidade é um fator de importância na valorização artística de *Presença de Anita*. Mas não nos admiramos de seu desembaraço. Vera conta já com alguns filmes e essa menina inteligente soube, sem dúvida, aproveitar-se dos entusiasmos dos filmes anteriores. ***Luiz Giovanini, Jornal de Notícias, 09.05.51.***

Presença de Anita – Vera Nunes, graciosa e espontânea, teve o papel mais difícil do drama, mas saiu-se galhardamente. **Walter Rocha, Correio Paulistano, 10. 05.51.**

Foi uma *night opening* que transformou a Avenida São João, durante algumas horas, em uma verdadeira Hollywood, relembrando as *avant-*

premieres do Chinese Theatre e tantas outras casas de espetáculo famosas da capital do cinema. Os poderosos holofotes de filmagem exterior na estréia de *Presença de Anita* iluminaram a Avenida São João como se fosse dia à chegada de Vera Nunes, Orlando Villar, Antoniette Morineau, Analuz, Mário Civelli e tantas outras personalidades do mundo artístico nacional. Houve então um verdadeiro delírio – **Dulce Damasceno de Brito, O Tempo, 11.05.51.**

Presença de Anita – A melhor figura do filme é Vera Nunes. Merece um lugar à parte a interpretação da jovem artista. Lutando muito e com extraordinária força de vontade, Vera Nunes conseguiu impor-se no cinema brasileiro... Podemos dizer que Vera Nunes alcança, com este filme, a posição de primeira figura feminina do cinema brasileiro. **Jornal dos Sports, 30.05.51.**

Arlequim, Servidor de Dois Amos – Vera Nunes, muito graciosa, de uma espontaneidade que o público já se familiarizou. **Orlando Marcucci, Época, 15.08.51.**

Arlequim, Servidor de Dois Amos – Vera Nunes vem progredindo muitíssimo e a peça aproveita ao máximo suas qualidades de graça, ausência de afetação e principalmente de grande simpatia em cena. **O Estado de S. Paulo, 19.08.51.**

O que mais encanta em Vera Nunes é sua espontânea naturalidade. Vera não tem afetação no falar. É notável também o dom de penetração de que é possuída. É vivaz, inteligente e culta. Demonstra ser profundamente sensível e emotiva. Gosta muito de crianças e de animais – **Fenelon Alves Feitosa, Revista Bancruz, órgão do Grêmio Esportivo Banco Cruzeiro do Sul.**

Sem parentes de nome no ambiente artístico ou campanhas de publicidade encetadas por figurões protecionistas, Vera Nunes venceu por seu próprio mérito. **Jornal das Moças.**

Verinha Nunes tornou-se a menina dos olhos da terra da garoa, conquistando indistintamente o público que todos consideram frio. **Dulce Damasceno de Brito, O Tempo.**

Pedacinho de Gente – Preferimos nos deter um pouco mais na representação. Vera Nunes, que é uma artista realmente graciosa, deu-nos esplêndida interpretação, toda cheia de personalidade, sem aqueles trejeitos comuns a Bibi Ferreira e todas as suas comédias. Seu tipo *mignon* contribui bastante para que nela se veja realmente um pedacinho de alma. **Correio Paulistano, 11.01.52.**

Pedacinho de Gente – A Vera Nunes coube a ventura de interpretar a rapariga desvalida e sem família. Ventura por que seu papel lhe assenta como uma luva; além disso, entre os da nova geração, Vera Nunes é atriz que possui graça, inteligência e sensibilidade como poucas. Alguns de seus momentos atingem altura excepcional em nosso teatro, como, por exemplo, no final do primeiro ato, em que com quatro palavras apenas – *Eu não vou chorar* – consegue produzir forte emoção e arrancar aplausos espontâneos de toda a platéia – **Nicanor Miranda, Diário de S. Paulo. 12.01.52.**

Pedacinho de Gente – Ruggero Jacobbi dá uma grande oportunidade a Vera Nunes, atriz cuja graça e talento ninguém discute – **O Estado de S. Paulo, 13.01.52.**

Pedacinho de Gente – A peça confirma o indiscutível talento e graça de Vera Nunes. Vera Nunes, como principal figura, irrepreensível, em *Pedacinho de Gente*, deixa patenteado seu temperamento dramático. **Correio Paulistano, 1952.**

Pedacinho de Gente – Vera Nunes encarnando *Pedacinho de Gente* foi mais que uma atriz graciosa. Nos raros momentos dramáticos, consegue desmentir a perigosa opinião, pouco generalizada, de que ela só é capaz de interpretar personagens unidos à idéia do bonitinho, engraçadinho e de outros diminutivos. ***Orlando Marcucci, A Época, 20.01.52.***

Vera Nunes, a graciosa estrela de cinema e de teatro nacional, vem se impondo ao público e à critica por um trabalho constante e consciente. Dotada de qualidades privilegiadas para a carreira que abraçou, a jovem atriz tem sabido tirar proveito da experiência adquirida nestes últimos anos. Depois de uma temporada no rádio, Vera Nunes, sem abandonar o cinema e o teatro, volta suas vistas para a televisão integrando o conjunto da Radio e Televisão Paulista em plena fase experimental. ***A Platéia, 30.01.52.***

Pedacinho de Gente – Ruggero Jacobbi procurou apenas, e nisso demonstrou seu instinto seguro, atenuar os chavões da peça e centralizar toda a ação em Vera Nunes no papel-título. Verinha de fato é graciosa e tem o tipo físico ideal para a personagem imaginada por Dario Nicodem. Assim, não é de espantar que tenha dominado o espetáculo atraindo a atenção do público e provocando boas risadas, principalmente no primeiro ato, quando sua espontaneidade não sofria ainda o prejuízo da repetição de certos recursos cômicos. ***Clóvis Garcia, O Cruzeiro, 1952.***

Pancada de Amor – Na interpretação, temos que destacar a forma inteligente e versátil como Vera Nunes nos ofereceu a figura de Amanda.

Ainda não conhecíamos Vera como atriz teatral e confessamos que, poucas vezes, vimos uma intérprete tão segura e senhora de tantos recursos capazes de percorrer uma gama de tons com a voz e com interpretação que surpreendem e encantam. Aliando à graça e presença encantadoras ao *metier* de uma personalidade poderosa de atriz, Vera Nunes é indiscutivelmente um valor de nosso teatro e sua reaparição em *Pancada de Amor* merece menção especial, pois que com ela se assinala a presença que uma atriz-empresária que encabeça o elenco poderá realizar muita coisa boa no futuro. **Diário da Noite, 04.05.53.**

Pancada de Amor – Vera Nunes se portou como uma veterana de palco como de fato ela é, sabendo tirar partido de situações graciosas, agradando ao público que na maior parte foi mesmo ao Colombo para vê-la representar. **Mattos Pacheco, O Diário de S. Paulo, 05.05.53.**

Pedacinho de Gente – É preciso antes de mais nada chamar a atenção para a excepcional interpretação de Vera Nunes. No caso, *Pedacinho de Gente* parece ter sido daqueles textos inspirados no ator que o deverá criar, tão incisiva é a afirmação do tipo, absoluta ligação da figura personagem com o tipo intérprete. Um e outro se confundem de maneira surpreendente. **Cavalheiro Lima, O Diário, 19.05.53.**

Pedacinho de Gente – Vera Nunes, que havia criado anteriormente o principal papel da peça, volta a nos apresentar um de seus melhores trabalhos na ribalta paulistana, oferecendo-nos oportunidade de apresentar *Um Pedacinho de Gente* ingênuo, simples, deliciando os espectadores com seu tom de humor e suas mutações povoadas de uma sensibilidade reconhecidamente artística. **Oscar Nimitzozich, Correio Paulistano, 25.05.53.**

Fugir, Casar ou Morrer – nos dá a oportunidade de novamente apreciar a equipe que Verinha Nunes lidera e a qual, de espetáculo para espetáculo, melhora sensivelmente procurando atingir um ponto distinto entre os diversos conjuntos de nossa cidade. Vera Nunes, uma atriz que nas encenações anteriores deu prova de seu talento, volta a fazer uma discreta personagem vivendo com sobriedade o principal papel do original *Fugir, Casar ou Morrer*. **Oscar Nimitzozich, – Correio Paulistano, 06.06.53.**

Pedacinho de Gente – O público que foi ontem ao Municipal não se arrependeu de assistir à estréia desse novíssimo, mas promissor conjunto de grandes promessas para o teatro nacional que Carlos Alberto conseguiu reunir para formar a sua companhia numa das mais felizes iniciativas de bom teatro. A Companhia Vera Nunes-Carlos Alberto apresentou ontem um espetáculo digno de qualquer teatro do mundo pela sua cuidadosa montagem e pelo esplêndido desempenho que deram à difícil peça de Dario Nicodemi, que na versão brasileira tomou o nome de *Pedacinho de Gente*. A estrela do feliz conjunto patrício, a querida garota do cinema e ótima atriz Vera Nunes, divertiu e encantou a platéia desde a primeira à última cena. Podemos mesmo afirmar que nenhum espectador saiu ontem do Municipal sem levar consigo uma centelha do grande entusiasmo que abrangeu toda a assistência. **Diário do Povo, 01.07.53.**

Pedacinho de Gente – Queremos dizer a todos os demais espectadores que, em nossa opinião, o papel de Vera Nunes no papel da garota romana é uma verdadeira criação artística de um grande equilíbrio, fora de todas as convenções tão fáceis de se agarrar a um papel como esse. **Ruggero Jacobbi, Folha da Noite, 1953.**

Vera Nunes é, e posso assegurá-lo por conhecer toda sua carreira, uma artista completa: rádio, teatro, televisão, cinema. Em qualquer lugar, ela se sente segura e transmite à platéia a sua sensibilidade artística por ter o dom de estabelecer imediatamente contato com o público... É surpreendente imaginar tanta força de vontade e de decisão numa criatura tão delicada e juvenil como é Vera Nunes, pois ela é do tipo, fisicamente falando, *mignon*. Apresenta uma elegância simples, sem artifícios, e um corpo harmonioso devido à ginástica que ela faz conscienciosamente todos os dias durante um quarto de hora. Numa palavra, ela é a essência da feminilidade... **Julia Arch, Revista Capricho, março de 1954.**

Bastante jovem ainda, Vera Nunes já mostrou seu talento no cinema, rádio, televisão e teatro. Poucos artistas terão tido as oportunidades que já teve essa simpática e graciosa carioquinha que nós roubamos para o nosso convívio – **Jornal Equipe Artística, 30.11.54.**

Lição de Botânica – Entre os intérpretes, a jovem e talentosa Vera Nunes, figura ideal no papel de Helena, deu-nos a impressão de personagem autêntica através de gestos e inflexões que traduziram bem as intenções do autor. **Mario Julio Silva, Shopping News, 17.06.56.**

Uma das mais benquistas nos meios artísticos, Vera Nunes, em cada arte que se apresentou, logrou vencer – **Jornal Varieté, 02.08.58.**

Pedacinho de Gente – Verinha Nunes apresenta um bom trabalho, adequado ao seu físico e ao seu temperamento. Em relação à última intérprete do papel no Brasil, ganha em infantilidade e perde em malícia, mas consegue dar à representação uma linha definida, uniforme, sem descaída. *Miroel Silveira, Folha da Noite, 09.01.59.*

Vera Nunes, além de ter todas as condições necessárias a uma estrela – talento, boa técnica, sensibilidade, inteligência, juventude e beleza – tem um sorriso como o repórter nunca viu em pessoa alguma. É realmente um sorriso muito estranho e que lhe dá uma sedução irresistível. Tentando explicar melhor, diríamos que esse sorriso é que como se fosse a reunião de vários sorrisos numa mesma boca, vários sorrisos de pessoas de personalidades inteiramente diferentes. É inocente e ingênuo, mas, ao mesmo tempo, é um sorriso de gente esperta, até meio astuciosa mesmo. É um sorriso bom em certo sentido, um sorriso que transmite uma grande sinceridade, de pessoa aberta, sem problemas, mas aí é que está o mistério... Percebe-se que por trás de todos esses aspectos há qualquer coisa de mais profundo, que não se pode definir, captar, e talvez seja daí que venha esse ar estranho e fascinante do sorriso de Vera Nunes. – *Revista de Domingo do Jornal de Brasil, 31.07.60.*

Era uma tarde chuvosa de quarta feira e estávamos a caminho do Sumaré para conhecer de perto a mais linda, inteligente e graciosa estrela do cinema nacional. E após nossa entrevista, apesar da chuvinha impertinente que ainda continuava caindo, achamos ser aquela tarde a mais bela de todas já vistas em nossa vida, tal o encanto que nos envolveu a doce figurinha da intérprete de *Presença de Anita*. **Pádua Lopes, Folha do Grêmio.**

Divorciados – Vera Nunes convenceu-nos plenamente. Dêem-lhe um papel e assistiremos algo de muito bom porque a atriz tem graça feminil e talento – ***Diário de Lisboa, setembro de 1961.***

Há artistas que nasceram com o dom raro da imensa versatilidade para se notabilizarem nos mais diversos e variados setores da atividade artística. Está nesse caso a grande estrela que é Vera Nunes, que se iniciou bem cedo na arte de representar, somando êxitos os mais diversos e expressivos – ***A Gazeta – 01.11.64.***

O Labirinto – A interpretação de Vera Nunes desconsidera completamente os padrões anglo-saxões de comportamento, expande-se teatralmente além da personagem, estabelecendo uma comunicação direta com a platéia. Afinal, atores e telespectadores são cúmplices na aceitação de uma trama fictícia – **Mariângela Alves de Lima, *O Estado de S. Paulo, 24.03.78.***

O Bengalão do Finado – Outro desempenho positivo na peça é o de Vera Nunes, a criada incumbida de desencadear a comicidade – ***Sábato Magaldi, Jornal da Tarde, 02.10.80.***

O Sorriso Marcante

Missão cumprida

Mensagem Final

Estas memórias estão me renovando, revitalizando, porque me fazem reviver momentos de experiências, tudo o que me aconteceu de bom e de mau também. Quando terminamos as entrevistas e Eliana vai embora, quando tudo estanca, não fica mais aquele vazio porque os personagens dos quais falamos continuam povoando minha memória. E, mesmo quando essas recordações vão se esvaindo, não consigo me desligar delas por completo porque os personagens se instalam em meus sonhos, é uma multidão me envolvendo, personagens dançando à minha volta. Percebo então que continuo apegada a eles, mas não de forma melancólica. Isto transcende a minha compreensão, é como uma peça em que o público vai embora e fica ali só o ator, continuando sua silenciosa e solitária caminhada ao acabar o espetáculo.

Quando eu fazia meus trabalhos profissionais, os personagens sempre me acompanhavam o dia inteiro eu pensava neles como um indivíduo, um desdobramento, vamos dizer. Mas o que estávamos fazendo, eu e Eliana, não era meramente profissional, mas algo cheio de sensibilidade das duas partes: eu querendo falar e ela interessada em saber mais e mais, da minha família, da minha intimidade, do meu trabalho, dos amigos. Houve e há uma empatia entre as nossas atividades que vão ao fundo da alma. Como eu podia lembrar, de forma tão rica, de tantos detalhes e acontecimentos, não fosse a inteligente habilidade da Eliana. Desde que começamos a fazer o livro, vejo meu passado e a minha história com um novo olhar e meu interior tem se modificado, pois não me sinto mais só. É como um agradecimento a todos que participaram da minha vida com sua amizade, carinho, companheirismo, ensinamentos e respeito mútuo.

Às vezes, sinto a forte presença do Miro. Acho que é normal, pelo amor que nos uniu durante 44 anos. Acredito, também, que depois da colocação do marca-passo, estou sempre acompanhada... Deus ainda deve ter funções para mim. Isso tudo é muito bom e me faz bem. Felizmente. Afinal, recordar é viver!

Cronologia

Cinema

1947
- *Noites de Copacabana/ Beijos Roubados*
Direção: Leo Marten
Produção: Adhemar Gonzaga
Estúdios: Cinédia
Elenco: Cyll Farney, Walter D'Ávila, Marlene, Linda Batista, Dalva de Oliveira, Dick Farney, Maria Costa

1948
- *Pinguinho de Gente*
Direção e roteiro: Gilda de Abreu
Estúdios: Cinédia
Elenco: Anselmo Duarte, Mário Salaberry, Isabel de Barros, Lúcia Delor, Violeta Ferraz, Antônia Marzulo, Palmira Silva, Jacy de Oliveira

1948
- *Não Me Diga Adeus/ Bajo El Cielo Del Brasil*
Argumento: Joracy Camargo
Direção: Luís Moglia Barth
Co-produção Brasil Argentina/Alfredo Palácios
Estúdios: San Miguel
Elenco: Anselmo Duarte, Nelly Daren, Hugo Chemin, Darcy Cazarré, Sara Nobre, Manoel Collado, Josephina Dias, Linda Batista, Quitandinha Serenaders

1949
• *Falta Alguém no Manicômio*
Roteiro: Hélio do Soveral
Direção: José Carlos Burle
Estúdios: Atlântida
Elenco: Oscarito, Modesto de Souza, Rocyr Silveira, Luiza Barreto Leite, Ceci Medina, Sérgio de Oliveira, Ruth de Souza

1949
• *Também Somos Irmãos*
Argumento: Alinor Azevedo
Direção: José Carlos Burle
Estúdios: Atlântida
Elenco: Grande Otelo, Jorge Dória, Aguinaldo Camargo, Agnaldo Rayol, Sérgio de Oliveira, Ruth de Souza, Jorge Goulart

1949
• *Uma Luz na Estrada*
Argumento: Pedro Bloch
Direção: Alberto Pieralisi
Produção: Pan Filmes
Estúdios: Alberto Pieralisi Produções Cinematográficas
Elenco: David Conde, Silva Filho, Pedro Dias, Sérgio de Oliveira, Osvaldo Louzada, Mário Lago, Geraldo Almeida, Walquiria de Almeida, Alzira Rodrigues e Carmem Brown

1950
- *Garota Mineira*
Direção: João H. Leopoldo
Produção: Guarani Filmes
Estúdios: produção independente
Elenco: Hélio Souto (estreando), Anilza Leoni, A. Fregolente, Arturo Modesto, Glória Coty, Jader Levine

1951
- *Presença de Anita*
Argumento: Mário Donato
Direção e roteiro: Ruggero Jacobbi
Produção: Mário Civelli
Estúdios: Companhia Cinematográfica Maristela
Elenco: Antoinette Morineau, Orlando Villar, Armando Couto, Henriette Morineau, Ana Luz, Dina Lisboa, Geraldo Almeida

1951
- *Suzana e o Presidente*
Roteiro: Gino de Sanctis
Direção: Ruggero Jacobbi
Produção: Mário Civelli
Estúdios: Companhia Cinematográfica Maristela
Elenco: Orlando Villar, Waldemar Seyssel (Arrelia), Leônidas da Silva (Diamante Negro), Otelo Zeloni, Jaime Barcelos, Elísio de Albuquerque

1952
- *Custa Pouco a Felicidade*

Direção e roteiro: Geraldo Vietri
Produção: Sérgio Azario
Estúdios: Oceania Filmes
Elenco: Paulo Geraldo, Mario Girotti, Marlene Rocha, Nestório Lips, Wilma Bentivegna, Dionísio Azevedo, Egle Bueno e Nádia de Lucena

1955
- *Armas da Vingança*

Direção e roteiro: Carlos Coimbra/Alberto Severi
Produtora: Cinematográfica Inconfidência
Elenco: Hélio Souto, Aurora Duarte, Luigi Picchi, José Policena, Valery Martins, Darcy Coria, José Antônio, Neyde Fraga, Gregório Marchiori, Alberto Seabra

1957
- *Dorinha no Society*

Direção: Geraldo Vietri
Produção: Gumercindo R. Dória
Co-produção: Alfredo Palácios
Estúdios: Inconfidência Filmes
Elenco: Fábio Cardoso, Augusto Machado de Campos, Maria Vidal, Turíbio Ruiz, Marly Bueno, Zé Fidélis, Joselita Alvarenga, Nestório Lips, Ângela Maria, Agostinho dos Santos, Elza Laranjeira, Os Titulares do Ritmo

2003
• *A Quarta Parada* – Curta-metragem
Alunos da Faculdade Metodista de São Bernardo do Campo
Direção: Equipe Quarto Poder

2004
• *Tal Pai Tal Filho* – Curta-metragem
Alunos da FAAP – Faculdade Armando Álvares Penteado
Roteiro: Caio Zerbini
Produção e direção: Rodrigo Feldman

2007
• *Autofagia* – Curta-metragem
Direção e roteiro: Mário Vaz Filho
Direção técnica: Alexandre Marques
Direção executiva: Júnior Mosca
Trilha sonora: Prelúdio e Fuga sobre Bach de Franz Liszt

Teatro

1949
• *Como os Maridos Enganam*
Companhia Aimée
Texto: Paul Nivoix
Direção: Esther Leão
Produção: Carlos Frias

Elenco: Aimée, Paulo Porto, Fregolente, Aurora Aboim

1949
• *Um Deus Dormiu lá em Casa*
Companhia Fernando de Barros
Texto: Guilherme Figueiredo
Direção: Silveira Sampaio
Cenário e figurinos: Carlos Thiré
Elenco: Tônia Carrero, Paulo Autran, Armando Couto

1950
• *Amanhã, se Não Chover*
Companhia Fernando de Barros
Texto: Henrique Pongetti
Direção: Ziembinski
Elenco: Tônia Carrrero, Paulo Autran, Armando Couto, Nelson Camargo

1950
• *Helena Fechou a Porta*
Companhia Fernando de Barros
Texto: Accioly Neto.
Direção: Silveira Sampaio
Elenco: Tônia Carrero, Paulo Autran, Armando Couto, Ludy Veloso, Paulo Monte

1950
• *Don Juan*
Companhia Fernando de Barros
Texto: Guilherme Figueiredo
Direção: Ziembinski
Elenco: Tônia Carrero, Paulo Autran, Armando Couto, Geraldo Pacheco Jordão

1951
• *Arlequim Servidor de Dois Amos*
Sociedade Paulista de Teatro
Texto: Carlo Goldoni
Direção: Ruggero Jacobbi
Produção: Júlio Gouveia
Elenco: Madalena Nicol, Sérgio Britto, Jaime Barcelos, Walter Macedo, Ubirajara Azevedo, David Garófalo, Jackson de Souza, Elísio de Albuquerque, Marilu Vasconcellos, Maria Cecília

1952
• *Fugir, Casar ou Morrer*
Companhia Fernando de Barros
Texto: Raimundo Magalhães Júnior
Direção: Armando Couto
Elenco: Luiz Linhares, Diná Mezzomo, Francisco Ariza, Jackson de Souza

1952
• *Pedacinho de Gente*
Companhia Fernando de Barros

Texto: Dario Nicodemi
Tradução: Gastão Pereira da Silva
Direção: Ruggero Jacobbi
Elenco: Leonardo Villar, Dina Lisboa, Liana Duval, Jackson de Souza, Ricardo Campos, Daniel Azevedo, Honório Martinez

1952
• *O Espelho*
Texto: Póla Rezende
Direção: Ruggero Jacobbi
Produção: Clubinho dos Artistas
Elenco: Leonardo Villar, Eleonor Bruno, Rita Schuman, Paulo Navarro, Antônio Fragoso

1953
• *Fugir, Casar ou Morrer*
Companhia Fernando de Barros
Texto: Raimundo Magalhães Júnior
Direção: Armando Couto
Elenco: Jaime Barcelos, Luiz Linhares, Diná Mezzomo, Francisco Ariza, Jackson de Souza

1953
• *Pedacinho de Gente*
Companhia Teatral Vera Nunes e Carlos Alberto
Texto: Dario Nicodemi
Direção: Carla Civelli
Elenco: Walmor Chagas, Ítalo Rossi, Eny Autran, Francisco Ariza

1953
• *Precisa-se de um Filho*
Companhia Teatral Vera Nunes e Carlos Alberto
Texto: Roger MacDougall
Tradução: Raimundo Magalhães Júnior
Direção: Procópio Ferreira
Elenco: Procópio Ferreira, Dany Darcel, Américo Batta

1953
• *Deus lhe Pague*
Companhia Teatral Vera Nunes e Carlos Alberto
Texto: Joracy de Camargo
Direção: Procópio Ferreira
Elenco: Procópio Ferreira, Ricardo Bandeira, Herné Lebon, Dany Darcel

1953
• *A Sogra e a Nora*
Direção: Carla Civelli
Produção: Ruggero Jacobbi
Elenco: Cleyde Yáconis e Walmor Chagas

1953
• *Tempestade de Verão*
Autor: Clô Prado
Direção: Carla Civell
Produção: Ruggero Jacobbi
Elenco: Walmor Chagas

1954
• *Para Servi-la Madame*
Companhia Teatral Vera Nunes e Carlos Alberto
Texto: George Wicent e John Kolh
Tradução: Raimundo Magalhães Júnior
Direção: Carla Civelli
Elenco: Walmor Chagas, Ítalo Rossi, Francisco Ariza

1954
• *Pancada de Amor*
Companhia Teatral Vera Nunes e Carlos Alberto
Texto: Noel Coward
Direção: Carla Civelli
Elenco: Walmor Chagas, Ítalo Rossi, Dany Darcel

1954
• *O Gato de Botas*
Companhia Teatral Vera Nunes e Carlos Alberto
Adaptação de Tatiana Belinky
Direção: Carlos Alberto de Oliveira
Elenco: Rubens Costa (Rubens de Falco), Rogério Márcico, Lia Terezinha, Luis Pini, Samuel Santos, Francisco Ariza e Sidnéia Rossi

1954
• *O Imperador Galante*
Companhia Teatral Dulcina de Morais e Odilon Azevedo
Texto: Raimundo Magalhães Júnior
Direção: Dulcina de Morais

Elenco: Odilon Azevedo, Dulcina de Morais, Armando Couto, Dary Reis, Suzana Negri, Luiz Tito, Afonso Stuart

1955
• *Triângulo Escaleno*
Texto: Silveira Sampaio
Direção: Silveira Sampaio
Elenco: Silveira Sampaio, Arthur Costa Filho

1956
• *Papai Fanfarrão*
Companhia de Comédias Oscarito
Roteiro: José Wanderley e Mário Lago
Elenco: Oscarito, Margot Louro, Sara Nobre, Afonso Stuart, Dirceu Conte, Paulo Montel, Póla Leste, Tetsuo Kawada

1956
• *Lição de Botânica*
Texto: Machado de Assis
Direção: Ruggero Jacobbi
Elenco: Luisa Barreto Leite, Eva Wilma, Maurício Barroso

1958
• *Uma Cama Para Três*
Companhia Teatral Nydia Lícia e Sérgio Cardoso
Texto: Claude Magniet
Tradução: Renato Alvim

Direção: Sérgio Cardoso
Elenco: Sérgio Cardoso, Carlos Zara

1960
• *Projeto Verão* – com Jayme Barcellos
Peças: *Amanhã, Se Não Chover*
Uma Certa Cabana
Pancada De Amor
Leito Nupcial

1960
• *Conheça seu Homem*
Estúdio A
Texto: Henrique Pongetti
Direção: Pernambuco de Oliveira
Produção: Vítor Berbara
Elenco: Álvaro Aguiar, Grande Otelo, Lourdes Mayer

1960
• *Bloom, O Homem dos Milhões*
Estúdio A
Texto: Henrique Santos Discépolo
Direção: Victor Berbara
Elenco: Rodolfo Mayer, Conchita de Morais, Sérgio de Oliveira, Álvaro Aguiar, Francisco Dantas, Isa Rodrigues, Anilza Leone

1963
• *A Cegonha se Diverte*
Companhia de Comédias Graça Mello
Texto: André Roussin
Direção: Graça Mello
Elenco: Jacqueline Marie, Graça Mello, Graça Mello Filho., Roseane Reis, Wanda Marchetti

1967
• *Sonho Americano*
Texto: Edward Albee
Direção e produção: Afonso Gentil
Elenco: Nelo Pinheiro, Marina Freire, Lúcia Melo, Lucas Gião

1970
• *Os Mistérios do Amor*
Texto: Eduardo Borsato
Direção e produção: José Cunha
Preparação de atores: Eugênio Kusnet
Elenco: Cacilda Lanuza, Oswaldo Abreu, Lucas Gião, Júlia Miranda, Manoel Cavalcanti, Cleide Eunice, Ivan Lima, Neusa Messina

1972
• *O Auto da Compadecida*
Texto: Ariano Suassuna
Direção: João Cândido
Produção: Norma Greco
Elenco: Paulo Hesse, Analy Álvares, Bia Macedo,

Walter Cruz, Renato Bruno, Batista de Oliveira, Celso Karam, Amilton Monteiro

1972
• *O Ovo*
Texto: Felicien Marseau
Direção: Jean Luc Decave
Produção: Teatro Aliança Francesa
Elenco: Armando Bógus, Silvana Lopes, Riva Nimitz, Elias Gleiser, Wolney de Assis, Henrique César, Luciano Gregori, Osmano Cardoso, Jane Batista, Marlene Rocha, Euchares Moraes, Arabela Bloch, Roque Rodrigues, Neusa Terissié, José Carlos Carneiro

1974
• *O Genro que era Nora*
Companhia Aurimar Rocha
Texto: Aurimar Rocha
Direção: Aurimar Rocha
Elenco: Henrique César, Fabio Rocha, Nádia Lippi, Cristina Rodrigues, Ademir Martins

1978
• *O Labirinto*
Texto: Agatha Christie
Direção: Dionísio Amadi
Produção: Paulino Raffanti
Elenco: Geórgia Gomide, Marlene Santos, Paulino Raffanti, Eduardo Mamed, André Lopes,

Dinah de Lara, Dráusio de Oliveira, Alexandre Dressler, Marie Claire Brant, Kleber Afonso, Isadora de Faria

1980
• *O Bengalão do Finado*
Texto: Armando Gonzaga
Direção: Sebastião Apolônio
Produção: Sebastião Apolônio
Elenco: Elizabeth Henreid, Renato Bruno, Cuberos Neto, Sebastião Apolônio, Lu Martin

1982
• *Madame Caviar*
Texto: Walcyr Carrasco
Direção: Sebastião Apolônio
Elenco: Marlene Silva, Ricardo Chilemi, Vinicius de Nicklaos, J.C. Rocco

1982
• *Sete Vidas*
Texto: Paulo Goulart
Direção: Bárbara Bruno
Produção: Nicette Bruno e Paulo Goulart
Elenco: Paulo Goulart, Ruthinéa de Moraes, Vanessa Goulart, Consuelo Leandro (depois substituída por Suzy Arruda) e Roberto Arduim

1999
• *Teto de Lona*
Texto: José Carlos Barbosa
Direção: Júlio Sanz
Produção: PlanoArt
Elenco: Ingrid Ondemburg, Irineu Pinheiro, Eliseu Paranhos, Marcelo Macedo

2002
• *Homens de Papel*
Texto: Plínio Marcos
Direção: Antônio de Andrade/Tonhão
Produção: Grupo Luz e Ribalta
Elenco: Altamiro Martins, Teodora Ribeiro, Sílvia Pompeu, Kalil Jabour, Décio Pinto, Nívio Diegues, Rubens Espinosa, Waterloo Gregório, Regina Gomes, Delourdes de Moraes, Carlos Colabone, Cristiane Martins, Rafael Markes

Televisão

1952
• *Helena* – novela
Texto: Machado de Assis
Adaptação e direção: José Renato
TV Paulista

1952
• *As Aventuras de Suzana* – seriado
Direção: Ruggero Jacobbi
TV Paulista

1953
- *O Casal Mais Feliz do Mundo* – seriado
Texto: Jacques Maret
Direção: Carla Civelli
TV Tupi, TV Record

1959
- *A Ponte de Waterloo*
Texto: Robert E. Sheerwood
Adaptação e direção: Geraldo Vietri
TV Tupi

1959/1960
- *Grande Teatro Tupi*
TV Tupi

1960
- *O Show é Presente* – programa de variedades
Direção: Vicente Sesso
TV Paulista

1961
- *Grande Vesperal Credi-Lady*
TV Excelsior

1964
- *O Pintor e a Florista* – novela
Texto: Alberto Migra
Adaptação: Cláudio Petraglia
Direção: Waldemar de Morais
TV Excelsior

1966
- *As Minas de Prata* – novela
Texto: José de Alencar
Adaptação: Ivani Ribeiro
Direção: Walter Avancini
TV Excelsior

1967
- *Os Fantoches* – novela
Texto: Ivani Ribeiro
Direção: Walter Avancini
TV Excelsior

1968
- *Legião dos Esquecidos* – novela
Texto: Raimundo Lopes
Direção: Waldemar de Morais
TV Excelsior

1969
- *Os Estranhos* – novela
Texto: Ivani Ribeiro
Direção: Gonzaga Blota e Gianfrancesco Guarnieri
TV Excelsior

1969
- *Dez Vidas* – novela
Texto: Ivani Ribeiro
Direção: Walter Avancini e Carlos Zara
TV Excelsior

1970
- *O Meu Pé De Laranja-Lima*
Texto: José Mauro de Vasconcellos
Adaptação: Ivani Ribeiro
Direção: David Grimberg
TV Tupi

1975
- *Um Dia, o Amor* – novela
Texto: Teixeira Filho.
Direção: David Grimberg
TV Tupi

1979
- *Cara a Cara* – novela
Texto: Vicente Sesso
Direção: Jardel Mello e Arlindo Barreto
TV Bandeirantes

1982
- *Avenida Paulista* – minissérie
Roteiristas: Leilah Assumpção, Walter Avancini, Daniel Más, Lauro César Muniz, Luciano Ramos.
Direção: Walter Avancini
TV Globo

1985
- *Jogo do Amor* – novela
Texto: Aziz Bajur e José Rubens Siqueira
Direção: Antonino Seabra
TV SBT

2005
- *Os Ossos do Barão* – especial
Texto: Jorge de Andrade
Direção: William Pereira
TV Cultura

Índice

Apresentação – José Serra	5
Coleção Aplauso – Hubert Alquéres	7
Introdução – Eliana Pace	13
Like Deanna Durbin	17
Contracenando com a Lagarta	29
A Primeira Atriz a Atuar Fora do Brasil	43
Pisando no Palco com Monstros Sagrados	51
A Musa da Companhia Maristela	71
Atuando com sua Própria Companhia	91
Sucesso na TV e Destaque na Excelsior	101
Outras Experiências Teatrais	137
Uma História de Amor de Quase 50 Anos	161
Incentivo aos Jovens no Teatro Amador	177
Uma Vida Sempre em Movimento	189
O Sucesso do Ponto de Vista da Crítica	197
Mensagem Final	219
Cronologia	221

Crédito das Fotografias

Atlântida 47, 49

Badaró Braga 205

Carlos-Rio 56

Diários Associados 93, 94, 108

Domingos Ramos 106

Josafá Trindade 175

Lusitana 216

Valdir Silva 151

A presente obra conta com diversas fotos, grande parte de autoria identificada e, desta forma, devidamente creditada. Contudo, a despeito dos enormes esforços de pesquisa empreendidos, uma parte das fotografias ora disponibilizadas não é de autoria conhecida de seus organizadores, fazendo parte do acervo pessoal do biografado. Qualquer informação neste sentido será bem-vinda, por meio de contato com a editora desta obra (livros@imprensaoficial.com.br/ Grande São Paulo SAC 11 5013 5108 | 5109 / Demais localidades 0800 0123 401), para que a autoria das fotografias porventura identificadas seja devidamente creditada.

Coleção Aplauso

Série Cinema Brasil

Alain Fresnot – Um Cineasta sem Alma
Alain Fresnot

O Ano em Que Meus Pais Saíram de Férias
Roteiro de Cláudio Galperin, Bráulio Mantovani, Anna Muylaert e Cao Hamburger

Anselmo Duarte – O Homem da Palma de Ouro
Luiz Carlos Merten

Ary Fernandes – Sua Fascinante História
Antônio Leão da Silva Neto

Batismo de Sangue
Roteiro de Helvécio Ratton e Dani Patarra

Bens Confiscados
Roteiro comentado pelos seus autores Daniel Chaia e Carlos Reichenbach

Braz Chediak – Fragmentos de uma vida
Sérgio Rodrigo Reis

Cabra-Cega
Roteiro de Di Moretti, comentado por Toni Venturi e Ricardo Kauffman

O Caçador de Diamantes
Roteiro de Vittorio Capellaro, comentado por Máximo Barro

Carlos Coimbra – Um Homem Raro
Luiz Carlos Merten

Carlos Reichenbach – O Cinema Como Razão de Viver
Marcelo Lyra

A Cartomante
Roteiro comentado por seu autor Wagner de Assis

Casa de Meninas
Romance original e roteiro de Inácio Araújo

O Caso dos Irmãos Naves
Roteiro de Jean-Claude Bernardet e Luis Sérgio Person

O Céu de Suely
Roteiro de Mauricio Zacharias, Karim Aïnouz e Felipe Bragança

Chega de Saudade
Roteiro de Luiz Bolognesi

Cidade dos Homens
Roteiro de Paulo Morelli e Elena Soárez

Como Fazer um Filme de Amor
Roteiro escrito e comentado por Luiz Moura e José Roberto Torero

Críticas de Edmar Pereira – *Razão e Sensibilidade*
Org. Luiz Carlos Merten

Críticas de Jairo Ferreira – *Críticas de Invenção: Os Anos do São Paulo Shimbun*
Org. Alessandro Gamo

Críticas de Luiz Geraldo de Miranda Leão – *Analisando Cinema: Críticas de LG*
Org. Aurora Miranda Leão

Críticas de Rubem Biáfora – *A Coragem de Ser*
Org. Carlos M. Motta e José Júlio Spiewak

De Passagem
Roteiro de Cláudio Yosida e Direção de Ricardo Elias

Desmundo
Roteiro de Alain Fresnot, Anna Muylaert e Sabina Anzuategui

Djalma Limongi Batista – *Livre Pensador*
Marcel Nadale

Dogma Feijoada: O Cinema Negro Brasileiro
Jeferson De

Dois Córregos
Roteiro de Carlos Reichenbach

A Dona da História
Roteiro de João Falcão, João Emanuel Carneiro e Daniel Filho

Os 12 Trabalhos
Roteiro de Claudio Yosida e Ricardo Elias

Estômago
Roteiro de Lusa Silvestre, Marcos Jorge e Cláudia da Natividade

Fernando Meirelles – Biografia Prematura
Maria do Rosário Caetano

Fim da Linha
Roteiro de Gustavo Steinberg e Guilherme Werneck; Storyboard de Fabio Moon e Gabriel Bá

Fome de Bola – Cinema e Futebol no Brasil
Luiz Zanin Oricchio

Guilherme de Almeida Prado – Um Cineasta Cinéfilo
Luiz Zanin Oricchio

Helvécio Ratton – O Cinema Além das Montanhas
Pablo Villaça

O Homem que Virou Suco
Roteiro de João Batista de Andrade, organização de Ariane Abdallah e Newton Cannito

João Batista de Andrade – Alguma Solidão e Muitas Histórias
Maria do Rosário Caetano

Jorge Bodanzky – O Homem com a Câmera
Carlos Alberto Mattos

José Carlos Burle – Drama na Chanchada
Máximo Barro

Liberdade de Imprensa – O Cinema de Intervenção
Renata Fortes e João Batista de Andrade

Luiz Carlos Lacerda – Prazer & Cinema
Alfredo Sternheim

Maurice Capovilla – A Imagem Crítica
Carlos Alberto Mattos

Não por Acaso
Roteiro de Philippe Barcinski, Fabiana Werneck Barcinski e Eugênio Puppo

Narradores de Javé
Roteiro de Eliane Caffé e Luís Alberto de Abreu

Onde Andará Dulce Veiga
Roteiro de Guilherme de Almeida Prado

Pedro Jorge de Castro – O Calor da Tela
Rogério Menezes

Quanto Vale ou É por Quilo
Roteiro de Eduardo Benaim, Newton Cannito e Sergio Bianchi

Ricardo Pinto e Silva – Rir ou Chorar
Rodrigo Capella

Rodolfo Nanni – Um Realizador Persistente
Neusa Barbosa

O Signo da Cidade
Roteiro de Bruna Lombardi

Ugo Giorgetti – O Sonho Intacto
Rosane Pavam

Viva-Voz
Roteiro de Márcio Alemão

Zuzu Angel
Roteiro de Marcos Bernstein e Sergio Rezende

Série Crônicas
Crônicas de Maria Lúcia Dahl – O Quebra-cabeças
Maria Lúcia Dahl

Série Cinema
Bastidores – Um Outro Lado do Cinema
Elaine Guerini

Série Ciência & Tecnologia
Cinema Digital – Um Novo Começo?
Luiz Gonzaga Assis de Luca

Série Dança
Rodrigo Pederneiras e o Grupo Corpo – Dança Universal
Sérgio Rodrigo Reis

Série Teatro Brasil
Alcides Nogueira – Alma de Cetim
Tuna Dwek

Antenor Pimenta – Circo e Poesia
Danielle Pimenta

Cia de Teatro Os Satyros – Um Palco Visceral
Alberto Guzik

Críticas de Clóvis Garcia – A Crítica Como Oficio
Org. Carmelinda Guimarães

Críticas de Maria Lucia Candeias – Duas Tábuas e Uma Paixão
Org. José Simões de Almeida Júnior

João Bethencourt – O Locatário da Comédia
Rodrigo Murat

Leilah Assumpção – A Consciência da Mulher
Eliana Pace

Luís Alberto de Abreu – Até a Última Sílaba
Adélia Nicolete

Maurice Vaneau – Artista Múltiplo
Leila Corrêa

Renata Palottini – Cumprimenta e Pede Passagem
Rita Ribeiro Guimarães

Teatro Brasileiro de Comédia – Eu Vivi o TBC
Nydia Licia

O Teatro de Alcides Nogueira – Trilogia: Ópera Joyce – Gertrude Stein, Alice Toklas & Pablo Picasso – Pólvora e Poesia
Alcides Nogueira

O Teatro de Ivam Cabral – Quatro textos para um teatro veloz: Faz de Conta que tem Sol lá Fora – Os Cantos de Maldoror – De Profundis – A Herança do Teatro
Ivam Cabral

O Teatro de Noemi Marinho: Fulaninha e Dona Coisa, Homeless, Cor de Chá, Plantonista Vilma
Noemi Marinho

Teatro de Revista em São Paulo – De Pernas para o Ar
Neyde Veneziano

O Teatro de Samir Yazbek: A Entrevista – O Fingidor – A Terra Prometida
Samir Yazbek

Teresa Aguiar e o Grupo Rotunda – Quatro Décadas em Cena
Ariane Porto

Série Perfil

Aracy Balabanian – Nunca Fui Anjo
Tania Carvalho

Ary Fontoura – Entre Rios e Janeiros
Rogério Menezes

Bete Mendes – O Cão e a Rosa
Rogério Menezes

Betty Faria – Rebelde por Natureza
Tania Carvalho

Carla Camurati – Luz Natural
Carlos Alberto Mattos

Cleyde Yaconis – Dama Discreta
Vilmar Ledesma

David Cardoso – Persistência e Paixão
Alfredo Sternheim

Denise Del Vecchio – Memórias da Lua
Tuna Dwek

Emiliano Queiroz – Na Sobremesa da Vida
Maria Leticia

Etty Fraser – Virada Pra Lua
Vilmar Ledesma

Gianfrancesco Guarnieri – Um Grito Solto no Ar
Sérgio Roveri

Glauco Mirko Laurelli – Um Artesão do Cinema
Maria Angela de Jesus

Ilka Soares – A Bela da Tela
Wagner de Assis

Irene Ravache – Caçadora de Emoções
Tania Carvalho

Irene Stefania – Arte e Psicoterapia
Germano Pereira

John Herbert – Um Gentleman no Palco e na Vida
Neusa Barbosa

José Dumont – Do Cordel às Telas
Klecius Henrique

Leonardo Villar – Garra e Paixão
Nydia Licia

Lília Cabral – Descobrindo Lília Cabral
Analu Ribeiro

Marcos Caruso – Um Obstinado
Eliana Rocha

Maria Adelaide Amaral – A Emoção Libertária
Tuna Dwek

Marisa Prado – A Estrela, o Mistério
Luiz Carlos Lisboa

Miriam Mehler – Sensibilidade e Paixão
Vilmar Ledesma

Nicette Bruno e Paulo Goulart – Tudo em Família
Elaine Guerrini

Niza de Castro Tank – Niza, Apesar das Outras
Sara Lopes

Paulo Betti – Na Carreira de um Sonhador
Teté Ribeiro

Paulo José – Memórias Substantivas
Tania Carvalho

Pedro Paulo Rangel – O Samba e o Fado
Tania Carvalho

Reginaldo Faria – O Solo de Um Inquieto
Wagner de Assis

Renata Fronzi – Chorar de Rir
Wagner de Assis

Renato Borghi – Borghi em Revista
Élcio Nogueira Seixas

Renato Consorte – Contestador por Índole
Eliana Pace

Rolando Boldrin – Palco Brasil
Ieda de Abreu

Rosamaria Murtinho – Simples Magia
Tania Carvalho

Rubens de Falco – Um Internacional Ator Brasileiro
Nydia Licia

Ruth de Souza – Estrela Negra
Maria Ângela de Jesus

Sérgio Hingst – Um Ator de Cinema
Máximo Barro

Sérgio Viotti – O Cavalheiro das Artes
Nilu Lebert

Silvio de Abreu – Um Homem de Sorte
Vilmar Ledesma

Sonia Maria Dorce – A Queridinha do meu Bairro
Sonia Maria Dorce Armonia

Sonia Oiticica – Uma Atriz Rodrigueana?
Maria Thereza Vargas

Suely Franco – A Alegria de Representar
Alfredo Sternheim

Tatiana Belinky – ... E Quem Quiser Que Conte Outra
Sérgio Roveri

Tony Ramos – No Tempo da Delicadeza
Tania Carvalho

Vera Holtz – O Gosto da Vera
Analu Ribeiro

Walderez de Barros – Voz e Silêncios
Rogério Menezes

Zezé Motta – Muito Prazer
Rodrigo Murat

Especial

Agildo Ribeiro – O Capitão do Riso
Wagner de Assis

Beatriz Segall – Além das Aparências
Nilu Lebert

Carlos Zara – Paixão em Quatro Atos
Tania Carvalho

Cinema da Boca – Dicionário de Diretores
Alfredo Sternheim

Dina Sfat – Retratos de uma Guerreira
Antonio Gilberto

Eva Todor – O Teatro de Minha Vida
Maria Angela de Jesus

Eva Wilma – Arte e Vida
Edla van Steen

Gloria in Excelsior – Ascensão, Apogeu e Queda do Maior Sucesso da Televisão Brasileira
Álvaro Moya

Lembranças de Hollywood
Dulce Damasceno de Britto, organizado por Alfredo Sternheim

Maria Della Costa – Seu Teatro, Sua Vida
Warde Marx

Ney Latorraca – Uma Celebração
Tania Carvalho

Raul Cortez – Sem Medo de se Expor
Nydia Licia

Rede Manchete – Aconteceu, Virou História
Elmo Francfort

Sérgio Cardoso – Imagens de Sua Arte
Nydia Licia

TV Tupi – Uma Linda História de Amor
Vida Alves

Victor Berbara – O Homem das Mil Faces
Tania Carvalho

Formato: 12 x 18 cm

Tipologia: Frutiger

Papel miolo: Offset LD 90 g/m²

Papel capa: Triplex 250 g/m²

Número de páginas: 256

Editoração, CTP, impressão e acabamento:
Imprensa Oficial do Estado de São Paulo

Coleção Aplauso Série Perfil

Coordenador Geral	Rubens Ewald Filho
Coordenador Operacional e Pesquisa Iconográfica	Marcelo Pestana
Projeto Gráfico	Carlos Cirne
Editor Assistente	Felipe Goulart
Assistente	Edson Silvério Lemos
Editoração	Tatiana Galletta
Tratamento de Imagens	José Carlos da Silva
Revisão	Dante Pascoal Corradini

© imprensaoficial 2008

Dados Internacionais de Catalogação na Publicação
Biblioteca da Imprensa Oficial do Estado de São Paulo

Pace, Eliana
  Vera Nunes : raro talento / Eliana Pace – São Paulo :
Imprensa Oficial do Estado de São Paulo, 2008.
  256p. : il. – (Coleção aplauso. Série perfil / Coordenador
geral Rubens Ewald Filho)

  ISBN 978-85-7060-659-4

  1. Atores e atrizes cinematográficos – Brasil – Biografia
2. Atores e atrizes de teatro – Brasil – Biografia 3. Atores
e atrizes de televisão – Brasil – Biografia 4. Nunes, Vera,
1928 I. Ewald Filho, Rubens. II. Título. III. Série.

CDD 791.092 81

Índices para catálogo sistemático:
1. Atores brasileiros : Biografia e obra : crítica e
interpretação 791.092 81

Foi feito o depósito legal na Biblioteca Nacional
(Lei nº 10.994, de 14/12/2004)
Direitos reservados e protegidos pela lei 9610/98

Imprensa Oficial do Estado de São Paulo
Rua da Mooca, 1921 Mooca
03103-902 São Paulo SP
www.imprensaoficial.com.br/livraria
livros@imprensaoficial.com.br
Grande São Paulo SAC 11 5013 5108 l 5109
Demais localidades 0800 0123 401

Coleção *Aplauso* | em todas as livrarias e no site
www.imprensaoficial.com.br/livraria

editoração, ctp, impressão e acabamento

imprensaoficial

Rua da Mooca, 1921 São Paulo SP
Fones: 2799-9800 - 0800 0123401
www.imprensaoficial.com.br